¿Soltera o Soltero?

Como encontrar mi pareja perfecta
en solo 90 días.

Revelaciones científicas demuestran como entrar al mundo
espiritual y poder crear tu relación de pareja ideal.

I0132766

Mgs. Lisett Guevara
Mgs. James Gulnick

90daysoulmate.com, LLC.
New Jersey, USA

Diseño de la Cubierta: Jim Gulnick,
Embellecimiento de la Cubierta: Lisett Guevara
www.90daysoulmate.com

Fotografia: Amer Chaudhry
New Jersey
www.amer-fotografia.net
Maquillaje: Shayo Olayinka
Philadelphia.
www.shadesbyshayo.com

Re-impreso: U.S.A (2013)

Corrección: Marlyn Ortega y /Rafael Guevara
Venezuela
marlín.ortega@gmail.com; rafael_guevara08@yahoo.com

ISBN: 978-0-9848000-1-8
Editorial:
90daysoulmate.com, LLC

Contenido

Prefacio…. Una Novela Romántica (Nuestra historia) …. 5

Capítulo 1: ¿Por qué tú quieres encontrar tu Pareja Perfecta? 23

    Estamos abocados al fracaso… 25

    ¿Cansado de ser derrotado? 28

    El auténtico "Yo" 29

Capítulo 2: Atrayendo lo que tú no quieres. 31

    ¿Por qué vamos a una cita con alguien que no queremos? 34

    ¿Qué es lo que atraes? 37

    Ejercicio: Atracción-Conflicto 40

    Quedar atrapados 42

    Sé consciente de tus pensamientos 43

    Atraer lo que deseas 48

Capítulo 3: El Sabotaje del Subconsciente 51

    Autoexamen - ¿Estás saboteándote? 53

    Caer en la predisposición de una actitud 55

Capítulo 4: Las Almas que no Coinciden 59

    La historia de María y Tom 60

    Logrando encontrar pareja 63

Capítulo 5: Mirándote en El Espejo 69

    El espejo de tu historia 70

    La energía 50/50 71

    El espejo de tu alma 73

Capítulo 6: La Hora del Cambio................................ 76

Sintonizándonos... 78

Ejercicio # 1: ¿Quién Soy Yo y Qué Quiero? 81

Ejercicio # 2: La "Lista".................................... 84

Capítulo 7: La Ciencia de la Mente 93

Nuestro poder de co-crear es poderoso 95

El proceso de reprogramación VCSA.................. 98

Capítulo 8: Los Fantasmas de Nuestros Antepasados 103

Decodificación y reprogramación 107

Auto-honestidad.. 109

Reconocer el amor en cada acción. 112

Cuestionario sobre nuestros Ancestros........... 114

Ejercicio: Cuestionario de los Ancestros.......... 116

Capítulo 9: El Creacionismo 119

Las pruebas selectivas.................................... 121

Limitación de la observación........................... 122

Ciencia Espiritual.. 122

¿Cómo funciona?... 123

Capítulo 10: Éxito de las Citas en Línea 127

Seguridad y vigilancia.................................... 132

Las almas gemelas se buscan entre si............. 134

Tómese su tiempo 135

Disfruta del proceso 136

¿Cómo sabes que es tu alma gemela? 137

90daysoulmate.com 139

Prefacio.... Una Novela Romántica (Nuestra historia)

Si tú nos ves hoy, contemplarás a una pareja que está locamente enamorada y feliz en una relación próspera y en completa armonía. Puedes pensar que nosotros nos encontramos, al igual que cualquier otra pareja, y nos enamoramos. Pues eso, es sólo la punta del iceberg. Nuestra historia es acerca de un encuentro de amor espiritual, pero el "cómo" nos conocimos es realmente ciencia.

Soy Jim Gulnick, tengo una maestría en Administración de Empresas y soy profesional en Ingeniería Eléctrica. Lisett tiene un Doctorado en Educación, una Maestría en Ingeniería Industrial y es Ingeniero en Información.

Los dos nos hemos desempeñado en el área de recursos humanos, trabajando con la gente, para ayudarles a alcanzar sus desafíos y retos. Lisett ha trabajado como consultor en cientos de empresas, ayudando a personas individuales, y a parejas en el área de las relaciones interpersonales utilizando su experiencia, sus conocimientos profesionales, y habilidades únicas de comunicación y conexión. Ella ha ayudado a muchos amigos, antiguos alumnos, y a sus mismos clientes a reconstruir y fortalecer su matrimonio, abriendo una comunicación franca y recíproca, en donde enseña a los demás a entenderse a sí mismos y a darse a entender mejor con los demás.

La razón por la que describo nuestra formación académica es que a diferencia de muchos autores de libros espirituales, nosotros buscamos mostrar pruebas lógicas que apoyen los resultados aparentemente mágicos de nuestra experiencia personal. Hay ciertas leyes universales, similar a la ley de la gravedad, que son válidas y que actúan en un sentido espiritual. Una vez que sepas cómo funcionan estas leyes, tú podrás utilizarlas para beneficio propio y así poder lograr la relación que tú realmente te mereces.

Muchos de los expertos en el campo del crecimiento personal simplemente desarrollan el material de naturaleza esotérica. En nuestro caso, nosotros tenemos el conocimiento y la experiencia basados en la implementación científica de este material, ya que nuestro enfoque de educación, ingeniería, y procesos, nos hace buscar la ciencia detrás del misterio.

El resultado final es una "Ciencia Espiritual" que combina creencias con procesos lógicos y prácticos que te ayudarán a lograr encontrar a tu alma gemela, y aquellas personas que ya lo han usado, lo han llamado el procedimiento milagroso. Este libro te ayudará a descubrir quién eres, lo que tú quieres, y lo que tú realmente deseas en una relación de pareja. Te ayudará a crear tu pareja ideal y en consecuencia a encontrar tu alma gemela.

Nos gustaría darte el don del conocimiento en un instante y ahorrarte los años de búsqueda de información, y de experiencias obtenidas en fracasadas relaciones de pareja. En primer lugar, vamos a empezar con nuestra historia.

La historia de Lisett – Divorciada a los 27

Fue en 1998. Yo tenía cinco años en un matrimonio feliz y armonioso. Todos mis amigos y familia nos decían que éramos una pareja ideal, pero de la noche a la mañana, todo se destruyó. Nos faltó madurez, posiblemente teníamos demasiado orgullo, y no teníamos la consciencia de luchar para salvar o mantener una buena relación de pareja. Cuando el matrimonio se estaba terminando, descubrí que estaba embarazada.

Tuve que convertirme en una mujer más fuerte. Yo tenía que aprender a ser más emprendedora para poder superar los retos del día a día. Me concentré en mi trabajo, mi casa, mi hijo, y en ayudar a sacar adelante a mis padres y familiares. Pero, nada que ver con la búsqueda de una relación de pareja, era mi última prioridad y a pesar que siempre lo deseaba, había usualmente una buena excusa.

Con el tiempo me aventuré a tener citas y pasé los siguientes trece años en un ciclo tanto de buenas relaciones así como de relaciones enfermizas. Con todo eso aprendí sobre mi vida, he luchado por mi cuenta, y sin embargo siempre con la actitud de disfrutar y crecer a partir de las experiencias vividas, y de los cocimientos adquiridos. Durante este proceso de búsqueda, había leído muchos libros, asistido a cursos de formación, y compartido algunas terapias. Me reunía con muchos amigos, discutiendo lo que funcionó y lo que no funcionó en sus relaciones, y comencé mi proceso de toma de conciencia. Tomaba notas, aumentado así mi comprensión hacia las personas, y con todo ese material desarrollé un procedimiento para encontrar una perfecta relación de pareja, para encontrar a ese hombre con quien yo quería compartir mi vida, donde pudiera encontrar una buena comunicación, abierta y honesta, alguien para amar y disfrutar de su compañía.

Durante ese proceso me fui convirtiendo en la consejera de mi círculo de amigos, los cuales iban a mi casa u oficia en busca de consejo. Ellos traían sus situaciones. A mí me gustaba escucharlos, les preguntaba y les daba recomendaciones. Sin darme cuenta, mi casa se llenó de amigos que buscaban asesoramiento personal, sin percatarme para ese entonces que, yo podría haber utilizado una dosis de mi propia medicina, pero que ahora ya la usé, me resultó, y se los ofrezco a todos ustedes a través de este material.

Estoy compartiendo mi historia para salvarte de los años de lectura, experiencias y de los esfuerzos que yo he tenido que pasar. Espero que tú leas este libro, entiendas los conceptos, y los pongas en práctica en tu vida personal. ¡Y así, en sólo 90 días, encontrarás tu pareja ideal!

Durante la búsqueda de información y estrategias para lograr el éxito en mi negocio de consultoría, he desarrollado una amplia base de conocimientos de un valor inestimable. Utilicé los métodos que yo había desarrollado para identificar fácilmente los objetivos de las personas y de las organizaciones, además de la implementación de programas y técnicas de cómo alcanzar dichos objetivos y metas. Yo había hecho una descripción específica de "¿Quién soy yo?" y "lo que yo quería". De vez en cuando leía mis notas para mantener mi enfoque. Entonces, un día de Mayo del 2010, me decidí a aplicar a mi vida personal aquellos métodos que funcionaron tan bien en el negocio. De allí entonces hice una lista específica para encontrar mi alma gemela.

Entonces, un día mientras me encontraba en viajes de negocios, estaba en un hotel descansando cuando se me ocurrió ponerme a desarrollar mi lista, sin interrupciónes. Mis pensamientos fluían sobre el papel y llegué a describir a la persona que yo quería, con cada detalle y agregué algunas pistas o símbolos para reconocerlo cuando lo encontrara. Por último, yo tipeé y guardé la lista en mi computador portátil.

La historia de Jim – Incompatible.com

Fue a finales de agosto de 2010, yo había estado viviendo cerca de Dallas-Fort Worth durante tres años, pero acababa de mudarme más cerca del aeropuerto, en mayo. Al igual que un montón de gente sola, había pasado por muchos cambios en mi vida. Me había mudado tantas veces en tan corto tiempo entre Nueva Jersey, Nueva York, Kansas, Pennsylvania y Texas, cambiando mi dirección de correo a cada momento, ya no confiaba en saber si recibía completa mi correspondencia. Y en cuanto a las relaciones de pareja, casi tantos como mis direcciones de correo, la confianza en encontrar algún día una pareja perfecta era para mí simplemente un "casi imposible".

A pesar de mi carrera y los logros educativos, yo no creía encontrar una relación que fuese lo que yo deseaba. De hecho, podría haber nombrado a decenas de mis propias razones para justificar mi actitud. Yo había estado en más de un matrimonio y tenía un sin número de relaciones serias que sólo duraron unos pocos años. Ya sea porque mi pareja encontraba a alguien emocionalmente más interesante que yo, o que se terminaba la relación por la diferencia de lugares, diferencias mentales, física o espirituales.

Yo crecí en una familia con padres, abuelos, primos, tíos y tías, cuyos matrimonios permanecían unidos. Sin embargo, yo no había podido seguir esa tradición. Sentía profunda vergüenza, y decepción el saber que a estas alturas de mi vida no había podido ser capaz de tener una relación estable. Yo quería una relación donde existiera un total compromiso, sin temores y con una abierta y honesta comunicación.

¿Fue culpa mía, o era mi pareja? ¿Por qué me atraían estas relaciones que terminaron fallando? Siempre nos llevábamos bastante bien al principio para hacer que pareciera como si estuviéramos en tierra firme - pero no lo era. Al menos eso es lo que una y otra vez se demostró a través del colapso de cada relación.

Tengo una amplia variedad de intereses únicos, gustos, aficiones y hábitos como cualquier otra persona. Yo tengo mis puntos buenos y malos, mis esperanzas y sueños, y mi fe y mis miedos. Mis experiencias han formado mi carácter y personalidad a lo que son hoy. Pero, disfrutando de muchas cosas diferentes también te puedes llevar bien con muchas personas en un nivel superficial o más profundo aún, pero con solo llevarse bien no puedes mantener una relación duradera.

Siempre había querido estar en una relación estable. La soledad se sentía en muchas ocasiones. Encontrar a alguien con quien disfrutar de las noches, fines de semana, y el resto de la vida se convirtió en el objetivo. Tan pronto como el matrimonio o la relación terminaban, me disponía a volver a la búsqueda para llenar el vacío con otra posible pareja. Pero después de años de obtener los mismos resultados, pensé que tenía que haber una manera diferente.

Me había inscrito en un par de sitios de citas online. Al principio, esto puede ser emocionante y aventurero, sobre todo cuando tienes varios mensajes de correo electrónico nuevos. Puedo decir que es "Emocionante" pero rápidamente comencé a desanimarme con la cantidad de tiempo que necesitaba para invertirle a esto. Yo estaba cansado de responder a las mujeres equivocadas, o tal vez, yo era el hombre equivocado. Es probable que tú hayas experimentado lo mismo: te encuentras con una gran persona, pero no se desarrolla nada. Siempre había algo que faltaba.

Yo conseguí interesantes perfiles de mujeres y enviaba guiños o notas con la intención de que vieran mi perfil. Nosotros como personas tenemos algunas áreas en común con otras personas, pero al igual tenemos otras áreas diferentes. Y sí, me confieso que soy responsable de pasar por alto las diferencias y discrepancias, y sólo me centraba en las similitudes. Pensando en el dicho que las diferencia se atraen pero muchas veces también separan.

Tal vez tú eres una persona de la ciudad, mientras que la otra persona es un amante del campo y del aire libre, pero bueno, ambos aman la lectura. O tal vez una persona le encanta entretenerse y visitar a muchos de sus amigos varias veces a la semana, mientras que el otro disfruta de su tiempo con pocos amigos o solo con su pareja. Estas dos personas valoran el tiempo con los demás, pero de maneras diferentes.

A medida que pasaba el tiempo, las diferencias eran cada vez más grandes entre cada encuentro, con los tantos intentos de tener una relación de pareja. Por supuesto que había algunas mujeres muy interesantes o que eran demasiado buenas para mí. También me sentía un poco inseguro ya que el hecho de haber estado casado anteriormente, me producia temor de equivocarme de nuevo.

Todo esto me llevó a ser muy selectivo. Desilusionado por muchas de las respuestas de algunas mujeres y a la vez preocupado, pues yo no estaba buscando un estilo de vida de perpetuas citas. ¿Quién tiene tiempo para eso?

Había añadido todo lo que pude acerca de mi personalidad, mis hábitos y mis intereses en mi perfil. Había incluido información sobre el tipo de mujer que yo estaba interesado para tener una cita. Pensé que debía dejar de filtrar tanto en el sitio web para así poder lograr hacer un par de citas que me permitieran finalmente descubrir la verdad acerca de mí.

Lisett

A pesar de que en ese momento no lo sabíamos, en Mayo cuando Jim se mudó a Grapevine, Texas. "Casualmente", yo había comprado una casa en Irving, Texas y me había mudado ese mismo mes de Mayo. Ambos sitios están en las afueras de Dallas, TX cerca del aeropuerto de Dallas-Fort Worth.

 Dos meses después, cuando visitaba a una amiga, ella me sugirió que me registrara en un sitio de citas por internet. Al principio no me sentía segura al respecto y descarté la idea. Tomó algún tiempo antes de que me sintiera cómoda, y fue a finales de julio, cuando me decidí y me inscribí en el sitio web, comencé llenando un perfil que me describiera realmente como soy, y luego describí a la persona que estaba buscando. Pronto empecé a recibir correos electrónicos de diferentes hombres. En algunas ocasiones simplemente con leer el correo electrónico yo concluía que este o aquel no era el hombre que yo estaba buscando, y en otras ocasiones revisaba los perfiles para tener más referencia antes de contestar cualquier correo.

Entonces fue cuando vi la foto y el perfil de un hombre cuya compatibilidad registrada en el sistema era superior al 95%, según el sitio web. Sin embargo, no tuve el coraje de escribirle en ese momento. Fue él quien echó a rodar la pelota. Dos días después recibí un correo electrónico de este hombre. Él estaba interesado en mi perfil y quería saber más sobre mí.

Jim

Un día, mirando la información de aquellas mujeres que habían visto mi perfil. Yo hice clic en cada una de ellas para leer su perfil (a diferencia de lo que tú puedes pensar, que algunos hombres están más interesados en las apariencias físicas). Un perfil se destacó sobre todos los demás.

Sus descripciones de quién era y lo que estaba buscando estaban muy desarrolladas. Y, coincidían con mis gustos y disgustos excepcionalmente bien.

"Coincidentemente", nosotros vivíamos a sólo quince minutos de distancia el uno del otro. Si yo no me hubiese mudado dos meses antes a esa área, habría sido más de treinta minutos de distancia de donde ella vivía, y por consecuencia el rango de búsqueda de la pagina web no habría incluido sus resultados. Encontrarla en el internet fue verdaderamente increíble. A pesar de que yo había nacido en New Jersey y me había mudado por todos los EE.UU., allí estaba yo, en Texas, hablando con una mujer local nacida en Venezuela.

Nosotros intercambiamos algunos correos electrónicos y decidimos reunirnos. Lo demás es historia. O mejor dicho, su historia. La historia de Lisett.

Lisett

Le escribí una breve nota donde le decía que yo era una mujer que ama los negocios y le comenté que quizás podíamos tener una cita romántica o una cita estrictamente de negocios, ya que su experiencia en marketing en su perfil era interesante para mí, además me gustó su buen sentido del humor. El sugirió una reunión el domingo a las 7 am, a la que me dije: ¡Es una locura! Ese era el único día libre cuando yo podía dormir un poco más, pero le ofrecí una contra oferta y pudimos tener una cita un sábado por la noche en una cafetería.

Cuando nuestras almas se encontraron por primera vez, no fue un amor a primera vista. Los dos éramos cautelosos. ¡Era lógico! Ambos sabíamos muy poco el uno del otro, así que mantuvimos nuestros escudos protectores preparados.

Empezamos a hablar y nuestra conversación pudo viajar a través de diversos temas, cada uno más interesante que otro. Le hablé de consultoría y me dio algunas ideas de mercadeo valiosas. Los temas eran muy profesionales, hasta un momento en que me miró direct y profundo a los ojos. Una sensación de calor se apoderó de mí. Sentí una sensación de bienestar - como si ya nos conocíamos desde antes- y un fuerte sentimiento de conexión. Era como ese sentimiento de estar lejos de casa durante mucho tiempo y cuando regresas y abriendo la puerta sientes el aroma y el placer de volver a un lugar cálido y confortable. Así me sentí, era el placer de estar en casa. Me sentí segura y protegida. ¡Woao! Realmente fue una sensación increíble.

Sin embargo, mi ego me dijo: "No te apresures, es sólo una primera cita". Hablamos de la familia, negocios, cultura, política, país, y luego llegó el momento de decir adiós. Yo quería más de esta conversación. Era como si hubiese probado solo un bocado de una deliciosa torta antes de que alguien retirara abrúptamente mi plato. No podía esperar para tener una segunda mordida.

Jim

Recuerdo nuestra reunión en Starbucks. Yo pensando en ese momento que ella no era en absoluto el tipo de mujer que normalmente va a una cita. Se veía atlética y todo su conjunto era atractivo, pues demostraba mucha confianza en sí misma. Nosotros hablamos dc su negocio de consultoría y los obstáculos que había estado enfrentando cuando abrió su sucursal en Dallas. Yo le proporcionaba algunos datos de mercadeo, una crítica rápida de su sitio web, así como consejos para el crecimiento de su negocio.

Yo estaba muy impresionado con su negocio. Lisett realizaba consultoría a las empresas manufactureras y de servicios para ayudarles con la documentación de sistemas de gestión de calidad, mejora de procesos y reducción de costos. Ella es bilingüe y se desplaza entre el Norte y Sur- América atendiendo sus clientes en Venezuela, México, Panamá y Costa Rica, por nombrar algunos.

Fue un encuentro muy agradable que fluía desde las empresas hasta lo personal, disfrutando cada tópico, cada aspecto. Entonces nuestros ojos se encontraron, en ese momento me detuve a observar esa transparencia que ella tenia, era esa sensación de hablar directamente con su alma, no había nada oculto, ella tenía esa mágica expresión que hizo conectarme...

Lisett

Cuando llegué a casa, le envié un mensaje de texto para decirle gracias, y que la noche había sido divina. Intercambiamos algunas bromas y yo sentí que estaba a punto de desarrollarse una relación más profunda. Yo sentía la emoción y la espera de reunirme de nuevo con él.

Tuvimos nuestra segunda cita en la casa de Jim. Por mi lado, a mi me encanta cocinar y le ofrecí una cena en su casa, con vino, velas, música y comida italiana. Ese dia compre todos los ingredientes para hacer una noche inolvidable, mientras lo hacia recibi una llamada de Jim pidiéndome que llegara una hora mas tarde de lo acordado. Cuando llegue al estacionamiento de su apartamento, él me esperaba allí como todo un caballero. ¡Nuestros gustos, hábitos y sentimientos estaban tan entrelazados! Estábamos sorprendidos por todo lo que teníamos en común y lo bien que nos conectamos.

Comimos, conversamos frente al calor de las velas, saboreando el delicioso vino y en el momento que me despedia y tome mi cartera, él me tomo del brazo y nos quedamos frente a frente, nuestros ojos tocaban nuestras almas, y fue nuestro primer beso, nuestro labios se acariciaron suave y a la vez apasionados. Su brazo alrededor de mi cintura estrechándome hacia su cuerpo. Mi corazón se detuvo por un instante.

Jim

Así que ya era agosto, casi cuatro meses desde que me había mudado de mi casa embargada, a un apartamento de un solo dormitorio, y yo aún tenía que deshacer las maletas. Dieciocho grandes cajas de cartón que no estaban tan cuidadosamente apiladas contra la pared. Un par de bolsas de basura con la ropa arrugada, colocada en una esquina de la habitación, y con apenas algunos pares de pantalones y camisas colgadas en el armario para pasar la semana de trabajo.

Lisett ofreció en venir y cocinar la cena en mi casa. ¡Genial! La limpieza no es una de mis cosas favoritas. (¿Podrías tú decir que eso es fácil?) Pero entre trabajar en la oficina y organizar las cosas de una mudanza es demasiado. Sin embargo, en un instante pasé de ser el Señor Desorganizado al Señor Súper Limpieza y en solo un día, guardar las cosas, doblar la ropa, y tirar la basura para tratar de tener a tiempo un apartamento presentable para una cena romántica.

Cuando sientes que pronto puedes ser avergonzado públicamente, es la mejor manera de forzarte hacer algo, que de otro modo no lo harías. Pruébalo alguna vez.

Tuve que convencer a Lisett en venir una hora de retraso debido a que todavía tenía algunos toques finales que hacer. Cepillando el baño desde el techo hasta el suelo. Colocando nuevas alfombras y toallas que le dieran colores alegres que combinaran con la cerámica blanca y fría de aquel apartamento. Hasta el punto que tuve que salir a comprar un sofá para la sala, pues no había donde sentarse.

Valió la pena. La noche resultó especial y de nuevo tuvimos una gran conversación. Cuando Lisett se despedia le di un cálido abrazo, nos miramos a los ojos una vez más, y compartimos nuestro primer beso. Fue un beso suave, amable, cariñoso, pero a su vez apasionado en donde das el mensaje que no vas a ninguna parte demasiado rápido, pero muestras lo emocionante del camino.

Pasó el tiempo y Lisett se estaba convirtiendo en una parte muy importante de mi vida, ella era ese aire fresco y rejuvenecedor que rompía mi rutina diaria de trabajar y vivir solo. Hablábamos de todo. Nada estaba fuera de límites. Comentábamos sobre nuestras viejas relaciones, analizando juntos lo positivo y negativo, lo bueno, lo malo, y las partes feas de la vida que nos hicieron crecer. Yo revelé todos mis hábitos, tanto los buenos, como los malos - Yo pensé que era mejor que Lisett conociera todo de mí en ese momento, en lugar de tener que ocultar algo vergonzoso para los próximos años. Ambos sabíamos que debíamos tener sumo cuidado con el fin de entendernos entre sí. No queríamos que se perdiera nada.

Para Septiembre, Lisett tuvo que viajar hacia América del Sur para sus negocios. Yo realmente me preocupaba por ella, pero al mismo tiempo sentí muy poco miedo acerca de la relación. Tal vez porque había estado tan lastimado en el pasado que no me importaba lo que podría pasar, o tal vez ya sabíamos mucho el uno del otro que no tenía preocupación alguna. En cualquier caso, yo estaba por primera vez en un lugar realmente confortable - enamorado, pero sin sentir ansiedad.

Lisett

Nuestra relación fue creciendo y se hacía más intensa con cada día que pasaba. De momento a momento, nuestro tiempo juntos lleno de locuras, chistes y risas, y al mismo tiempo brillaba el romance y la pasión. Nuestros días estaban llenos de una mezcla de todo un poco.

Todo pasaba demasiado rápido, pero era el momento para mí de viajar y pasar dos meses fuera del país. Mi corazón dolido porque no quería poner fin a la maravillosa conexión que sentía.

La noche antes de mi viaje, en Dallas se celebraba la convención nacional de las Cámaras de Comercio Hispanas. Yo invité a Jim a asistir conmigo. Esa era la primera vez que íbamos a estar en un evento social juntos, y yo no sabía qué esperar. Estaba un poco nerviosa, porque muchas partes de mi vida estaban convergiendo al mismo tiempo: los negocios, los viajes y una relación romántica.

En la noche del evento, nos tomamos más tiempo de lo planificado en arreglarnos. Jim tocaba la guitarra y bromeaba mientras yo trabajaba en mi cabello y maquillaje. Estábamos perdidos en nosotros mismos, en el momento, y en los maravillosos sentimientos que estábamos viviendo. El tiempo pasó rápidamente y nos dimos cuenta que sería un poco tarde para el inicio del programa.

Cuando llegamos a la sala de baile, casi todas las mesas estaban ocupadas. Casi un millar de personas asistieron a la cena, vestidas en traje de gala. Jim tomó mi mano y nos deslizamos silenciosamente hacia el fondo de la sala donde quedaban unas pocas mesas vacías. El personal del evento había comenzado a servir la cena, nos sentamos. Justo a tiempo.

Disfrutamos de la cena, el salmón con espárragos, ensalada de lechuga fresca y una copa de vino. Los ponentes hablaban de un exitoso año 2010, donde grandes avances se habían hecho en los negocios latinos. Una famosa ejecutiva hispana expresó su apoyo a la organización y luego de un programa ejecutivo, el evento se convirtió en un fiesta latina donde la orquesta de salsa comenzó a sonar.

Yo invite a Jim a bailar conmigo. El se levantó sin mucha insistencia y, sorprendentemente, se movió bastante bien para ser gringo, jejeje (hehehe). Nos deslizábamos alrededor del salón en resonancia con los demás, como las cuerdas de una guitarra en movimientos rítmicos nuestros cuerpos celebrando. La noche se convirtió en un torbellino de emociones. Nuestros ojos se encontraron con sonrisas que brillaban en nuestros rostros.

Esa resonancia y sincronización que encontramos mientras bailábamos era perfecta, pues mostraba todo lo que estábamos sintiendo. Muchas veces cuando se inicia una relación existen dudas, temores, algo que de repente te hace sentir mal. Tú sabes, el momento en que tienes tu primera duda. Jim y yo no teníamos esos momentos. Al contrario, cada minuto que pasaba nos sentíamos como que estábamos dando pasos asertivos en la dirección correcta.

La noche llegaba a su fin, pero nuestra vida apenas comenzaba. Nos volvimos a sentar en nuestra mesa y es entonces cuando nos dimos cuenta el número de la mesa... 88. Bromeamos un poco y luego el número se volvió el centro de atracción. Jim dijo que nuestro número de la mesa en realidad representaba el infinito sobre infinito. A medida que la conversación continuó, Jim escribió en el reverso de la tarjeta de número de la mesa, "Existen las oportunidades en la vida, cuando (∞) infinitas posibilidades se mezclan con los (∞) infinitos recursos." Actualmente esto simboliza nuestras vidas y nos dio la base para el desarrollo de las ideas para nuestro primer libro de negocios que todavía está en la fase de revisión pues la emoción de revelar esta historia alteró el orden de la edición de los libros. Algunos de los secretos contenidos en esta simple declaración, se revelan en el libro que tienes en tus manos ahora mismo.

"Las oportunidades existen cuando las infinitas posibilidades se encuentran con los infinitos recursos".

En ese momento, cuando eran sólo ocho horas antes de mi vuelo, Jim me llevó a una tienda a comprar un anillo de compromiso. Nos fuimos de tienda en tienda a las dos de la mañana, todavía con nuestro atuendo formal, era emocionante recorrer los pasillos de las tiendas agarrados de la mano y sonriendo de cualquier situación. Pero no pudimos encontrar el anillo, así que en vez de un anillo, nos decidimos a comprar un reloj de compromiso para recordarnos que no había tiempo de sobra para los dos.

Después de salir de los EE.UU., estaba trabajando en un cliente cuando me acordé de la lista que yo había creado sólo unos meses antes. Era una lista de 40 características y rasgos que yo quería que mi pareja tuviera. Fue mi lista para encontrar mi alma gemela.

Encendí mi portátil y busqué con afán a través de las carpetas, revisando los nombres de miles de archivos. Antiguos proyectos de trabajos de consultoría, documentación de procesos, gestión de calidad, todo fue puesto a un lado. A pesar de sentirme orgullosa del éxito comercial que tenía, en ese instante era lo más alejado de mi mente. Asuntos del corazón iban a la vanguardia en ese momento.

Finalmente encontré el archivo titulado: "tueresbienvenido.doc." Abrí el archivo y poco a poco comencé a leer cada línea. Mis ojos se abrieron al leer la lista. ¡Me quedé sorprendida! Absolutamente anonadada. Jim tenía 40 de las 40 características que estaba buscando en una relación.

El archivo también contenía algunas declaraciones de los sentimientos que yo quería brindarle a mi alma gemela. Además de algunos comentarios, visiones o imágenes que habían aparecido en mi cabeza y consideraba que eran importantes tomar en cuenta. Yo llamo a estos sentimientos e imágenes (**i-clues**^{TM}) pistas intuitivas. Yo había escrito cosas como "16", "161", "carro azul", "blanco", nombre de la persona que tuviera la letra "A", "mariposa", etc.

Pero, lo que les voy a contar ahora creo que les vas a fascinar. ¿Cómo era posible que coincidieran exactamente las 40 características con él, y como las pistas de intuición podrían conectarse? Emocionada y quizás nerviosa por revelar mi tan guardado secreto, le conté a Jim sobre la lista y se la envié a él por correo. Lo que él descubrió pronto iba a cambiar nuestras vidas.

Jim

Un día Lisett me dijo sobre una lista, una lista que especificaba las 40 características que ella buscaba en un hombre para una relación de pareja. Para ese entonces era su secreto, el cual con ciertas dudas ella me lo reveló, describiéndome también, cómo ella había desarrollado esa lista, la metodología y cada detalle, el cual estamos revelando en este libro. Ella también utilizó la intuición para visualizar algunas imágenes, nombres y números que la guiarían para encontrar su relación perfecta.

Estas son las llamadas **pistas de intuición (i-clues**™**)**. Lisett había escrito los números 16 y 161, un carro azul, y la mariposa. Ella no sabía nada de lo que significaba eso, o lo que esos símbolos querían interpretar en el momento que lo había escrito.

Creo que esto podría fascinar a cualquiera. ¿Cómo era posible que coincidieran la lista de características con mi persona, y cómo las pistas intuición podrían conectarse conmigo?

Desde que había igualado su lista de 40 carcterísticas, me decidí a averiguar lo que los otros simbolos significaban, en el supuesto que tenían que coincidir de alguna manera conmigo.

La más sencilla es que yo tenía un Honda Accord azul. Pero, ¿Qué pasa con los números? Yo conté los números de letras que contiene mi nombre completo y descubrí que era exactamente 16 James Reid Gulnick (5+4+7). Lisett no sabía mi nombre legal completo, cuando ella me había dicho esta información. Me decidí a crear una hoja de cálculo donde cada letra de mi nombre equivale a un número: A = 1, B = 2, C = 3, etc. Si tú sumas todas las letras que tiene mi nombre, el resultado da exactamente 161.

Sus dos números fueron el 16 y el 161, y mi nombre puede fácilmente crear estos números exactamente.

Yo sentí el temor de descubrir algo nuevo y único aquí. ¡Era casi sobrenatural! Ahora, también es importante aclarar que mi primer intento fue asociar los números con mi nombre. Yo no traté hacer una lista de cosas que no funcionaron antes de tropezar con algo que hacía juego con sus números. Estos métodos, utilizando el número de letras de mi nombre y añadiendo valor a cada letra, era la primera vez que probaba cosas así. Yo no fui en busca de algo que coincidía con el patrón original despés de una búsqueda

20

exhaustiva. De hecho, yo creo que descubrí el significado de las pistas de intuición que Lisett tenía de manera inmediata, casi automática y con certeza.

Ahora con respecto a la mariposa. Esta era un área que podría haber sido cualquier cosa. Vemos mariposas por todas partes. Sin embargo, pocos meses después de conocernos yo conseguí una transferencia de trabajo para Alabama. La mascota del estado de Alabama es la Mariposa (Tiger Swallowtail).

Y, por último, escribí 16, 161, coche azul, mariposa en una búsqueda en el Internet y el primer enlace que surgió fue una referencia a una pequeña mariposa azul que se encuentra en pequeñas áreas de Nueva Jersey, mi estado natal.

Después que Lisett regresa de su viaje de dos meses, me ofrecieron un traslado a Alabama para abrir una nueva sucursal de mi empresa. Era una posición mejor con más oportunidades de crecimiento. Un personal deseoso estaba allí para mí, esperando para ser entrenado y dirigido. El suelo de cemento había sido reasfaltado para brillar y lucir como el mármol.

Lisett me pidió que compartiera lo que realmente pensaba, porque "todo era posible". Su negocio estaba precisamente en el lanzamiento en Dallas Texas, pero ella podría considerar cualquier cosa que yo le ofreciera. Y así que le pregunté: ¿Lisett te mudarías conmigo para Alabama? Ella eligió una relación de pareja antes que su larga carrera profesional, por primera vez en muchos años.

Lisett

Esta profunda experiencia ha cambiado nuestras vidas, y decidimos que debíamos escribir este libro, la participación de nuestros más íntimos detalles, proporcionando herramientas para ayudar a otros a encontrar su alma gemela. Todo lo descrito es una historia real. **El proceso es real, científicamente fundamentado y espiritualmente guiado**. Es importante seguir los pasos indicados en cada ejercicio, leer el material en el orden indicado, y completar los ejercicios cuando aparezcan. Cada capítulo te prepara para que comprendas el próximo, puesto que este libro se desarrolló bajo un enfoque de procesos para brindarte los conocimientos necesarios para el logro de tus objetivos. Los óptimos resultados se obtienen cuando tú permites que la metodología y la ciencia espiritual del libro trabajen para ti.

Nos casamos el 26 de Agosto del 2011 (8 / 26 (8)) de 2011 en Voorhees, Nueva Jersey durante una semana inolvidable - la tierra se estremeció y el cielo estaba conmovido. Y sabes porque digo esto, pues la boda fue justo entre el temblor del 23 de agosto y el huracán del 28 de agosto. Tuvimos la bendición de tener ese día un sol radiante, para darnos un hermoso atardecer de color naranja en medio de la ceremonia. Ahora estamos felizmente casados, viviendo en un hogar con armonía, paz, amor, salud, prosperidad y sobre todo pasión. Nos comunicamos en armonía, hacemos un excelente equipo y celebramos todos los días nuestro encuentro. Esperamos que tú encuentres, tu alegría, tu pasión y por su puesto tu alma gemela, y puedas así, compartir muy pronto tu éxito con nosotros.

"Cuando las infinitas (∞) oportunidades se encuentra

con los infinitos (∞) recursos"

Todo es posible!

Capítulo 1: ¿Por qué tú quieres encontrar tu Pareja Perfecta?

Probablemente tú habrás notado que Lisett estaba en un punto en su vida donde ella estaba dispuesta a encontrar su pareja perfecta. Ella había aprendido, crecido, estudiado y, quizás lo más importante, sabía quién era. En la vida existen buenos y malos momentos para buscar una nueva relación, y debemos tener cuidado sobre todo si andamos buscando a nuestra alma gemela.

¿Estás buscando una persona perfecta para que venga a hacerte feliz? Oh, yo sé que no dirías esto. Sin embargo, reflexionemos sobre eso durante unos minutos. En algún nivel, ¿No todos queremos encontrar nuestra pareja perfecta para hacernos felices? Sólo tenemos que tener cuidado y elegir ser feliz antes de buscar nuestra pareja. Esto no es su trabajo, ¡Es el tuyo! Pero antes de que comiences a sentirte mal por ello, vamos a discutir por qué las personas caen en esta trampa y cómo se puede evitar.

No hay ninguna persona perfecta. Hay, sin embargo, una persona perfecta para ti, si tú entiendes lo que eres, lo que realmente quieres, y lo que deseas en una relación de pareja. Para ello, debemos conseguir primero nuestra propia verdad y dejar de seguir la falsa realidad establecida por el mundo que nos rodea. Entonces, solo así, seremos capaces de reconocer a nuestra alma gemela.

"No hay ninguna persona perfecta - hay parejas perfectas."

Encontrar a tu pareja perfecta no se trata de encontrar a alguien que "arregle" tu vida para hacer que todo sea mejor. Algunas personas pueden pensar en simular una falsa convicción para atraer a una gran persona, y luego dejan de ser ellos mismos y con el tiempo pueden pasar dos cosas: una es que serás infeliz toda la vida fingiendo lo que no eres y haciendo también infeliz a la otra persona, o simplemente tu auténtico yo, aparece y se revela para romper con esa relación. La gente probablemente no va a decir o planear esto, simplemente ocurre inconscientemente, pero puede suceder. Tú puedes fácilmente evitar esto si eres honesto contigo mismo acerca de quién eres (aceptarte y amarte a ti mismo ¡tal como eres!) Y mostrárselo a los demás.

En nuestra historia, puedes ver que yo (Jim) llegué a un punto en el que quería presentar mi perfil en línea perfectamente claro y honesto acerca de quién era yo y qué estaba buscando. Por eso completé en todo lo posible cada detalle para dar una imagen global y clara de quién era. Mientras estaba pensando y haciendo esto, Lisett estaba meditando y creando su lista detallada de lo que realmente deseaba. Así que no te preocupes, ya que <u>tu potencial alma gemela necesita que tú escribas con una clara exactitud tu lista de lo que deseas en este momento. Es suficiente con que una persona este clara y consciente sobre qué exactamente es lo que está buscando.</u> La otra persona puede crear una lista, o utilizar otra forma de explorar lo que son y qué están buscando.

Quiero repetir algo muy importante. Sólo se necesita que una persona realice este proceso con el fin de encontrar a su alma gemela. Este proceso es una ley universal, es tan poderoso que una vez que se ponga en marcha tu alma gemela potencial comenzará a aparecer. Al seguir los pasos de este libro, es como si tú abrieses la puerta al mundo espiritual, al manejo de energías y a través de la acción y la focalización comenzarás a atraer a tu alma gemela.

Este libro te guiará paso a paso para prepararte, y cuando estés listo, podrás tener la gran oportunidad de diseñar tu propio proceso que te llevará a encontrar lo que realmente quieres.

Estamos abocados al fracaso...

Por ahora, vamos a ver por qué caemos en las relaciones equivocadas tantas veces.

Para muchas personas el conseguir su pareja ideal o alma gemela se ha convertido en un sueño. Es como una película de cine en donde se presenta una completa irreal relación romántica con el intenso drama, las imágenes cinematográficas, y la alegre música de inspiración. A veces nos creamos una fantasía basada en dos actores perfectos siguiendo un guión, con una iluminación suave, seducción, una escena romántica, y finalmente cuando creemos que tenemos la relación perfecta, ésta se convierte en un real fracaso que solo duró un par de meses.

El problema con todas estas fantasías, es que la relación puede desaparecer de un día para otro, y sin ningún tipo de acción de ninguna de las dos personas. Las personas no están planeando ni pensando en encontrar una relación compatible. Ellos no están buscando una relación que esté en consonancia con sus creencias o de acuerdo con su personalidad, carácter, educación, familia o círculo social. Por el contrario, simplemente se ven unos a otros, atraídos por emociones, apariencias físicas y simplemente piensan que están destinados a estar juntos, incluso sin tener que luchar a través de toda la historia. ¿Por qué están hechos el uno para el otro, y además por qué hacer tanto análisis si el destino los unió? ¿Es realmente posible encontrar el amor de nuestra vida simplemente por chocar con ellos, y luego tener un "y vivieron felices para siempre" sin mucho esfuerzo? Todas estas preguntas nos facilitan el camino para vivir cualquier relación con bases muy débiles, donde el estar consciente de lo que somos y queremos está muy lejos de la realidad.

Tendemos a construir nuestras relaciones en estos conceptos erróneos de la realidad. Nuestras mentes no pueden percibir la diferencia entre los recuerdos creados a partir de la realidad o la fantasía. Nuestro subconsciente compara estas historias de ficción con nuestras relaciones reales. Entonces cuando la sensación romántica no está ahí, no creemos que nuestra relación sea real. Creemos que el amor se ha ido. Sin embargo, estamos comparando la realidad de una relación con una fantasía y tenemos la creencia de que la fantasía es real. Basta recordar lo que se siente al ver al caballero rescatar a la princesa, y cuando esto no sucede en nuestra relación ¿cómo nos sentimos? - ¡Cuidado con eso!

Cuando una relación amorosa se convierte rápidamente pasando de la fantasía a la realidad, de repente comienzas a encontrar los huecos y las diferencias, y puede venirse abajo. Si conocemos a alguien por casualidad y parece que se llevan bien, podemos pasar por alto los defectos o las banderas rojas al principio porque estamos muy contentos de estar en el amor.

¿Por qué estamos señalando esto? Mucha gente no quiere que todo el drama de la vida real, aparezca en su relación de pareja, pero esto es exactamente lo que está programado en su mente. Una historia romántica está llena de tensión. Muchas veces nosotros seguimos apostando a esa relación, aunque nos parece que la relación no puede funcionar, pero lo intentamos contra todo pronóstico. Pues en ocasiones estamos enamorados de la relación, más no de la persona.

Una princesa va al bosque y encuentra una rana. Ella besa a la rana y se convierte en un príncipe. Ella comienza a salir con el príncipe y poco a poco se transforma de nuevo en la rana que estaba allí todo el tiempo. Al principio, ella se negó a ver que era una auténtica rana, porque ella estaba enamorada de la idea de que era un príncipe. Pero a medida que pasaban los días, ella no podía soportar más su croar y sus saltos. Así que hace lo único que puede hacer por amor. Ella trata de cambiar la rana de nuevo en el príncipe que ella imaginaba, con consejos y críticas a diario de cómo él puede cambiar y mejorar.

La historia de la rana-príncipe es un ejemplo de cómo muchos hombres y mujeres van a las citas. La idea de estar en el amor, la emoción de la nueva relación, y las emociones del proceso de mantener la energía durante las fases iniciales de las citas. Ellos

26

son guiados por las emociones y sólo después del paso del tiempo ellos permiten que la lógica entre en la relación. A medida que empezamos a analizarnos a cada uno dentro de la relación, empezamos a ver que no hay compatibilidad, y esto empieza a emerger dejando por debajo las emociones que una vez eran todo en la relación.

A veces tratamos de reparar y trabajar la relación. Entonces invertimos mucho tiempo, energía y emociones en no perder todo lo que ya se tiene. Es cuando tratamos de solucionar los problemas y hacer compromisos para mantener la relación. Buscando disfrutar de las mismas cosas, teniendo los mismos objetivos, y trabajando juntos. Pero sin definir quién eres tú, lo que tú realmente quieres, y lo que quieres en una relación de pareja, entonces estarás sujeto a una vida comprometida y forzada a cumplir cosas que no son auténticas para ti.

Imagínate que vas a un restaurante de lujo a comer tu comida favorita (Esperemos que no sean las ancas del príncipe-rana). El chef tendrá los ingredientes exactos, y el modo de combinarlos en un cierto orden, y solo él conoce la temperatura adecuada y el tiempo exacto que se requiere para la cocción. El chef sigue las instrucciones detalladas para asegurarse que recibas exactamente lo que quieres. Con este ejemplo queremos simplificarte el cómo diseñamos la guía paso a paso de este libro, te brindamos las instrucciones para crear tu propia receta única para encontrar tu alma gemela. Deberás respirar profundo en tu primera cita, pues tan efectiva como una pócima, podrías caer en el amor, pero tranquilo pues ahora ¡Ya tienes las herramientas para encontrar a la persona adecuada!

¿Estás comprometido y preparado para encontrar la persona adecuada para ti? Si pensamos en una relación como una fantasía, entonces será una fantasía. Si pensamos que nada de esto es real, entonces seguiremos viendo los defectos y problemas de cualquier persona que esté intentando ser nuestra pareja. Si creemos que nuestra alma gemela es real, entonces podemos desarrollar el proceso en conjunto para encontrar y crear esa relación perfecta.

¿Cansado de ser derrotado?

Posiblemente estamos cansados de fracasar en la primera cita o tenemos miedo de empezar otra relación que dura sólo una o dos semanas. A veces hemos navegado con éxito las primeras dos semanas para llegar a un punto muerto en el que nos mostramos renuentes a intentar siquiera construir una relación más profunda. Creemos que todas las personas son iguales, lo mismo de siempre, personas superficiales, en muchos casos sólo quieren usarnos por dinero, por sexo, o para combatir el aburrimiento por un tiempo hasta que venga algo mejor. El temor de invertir tiempo y emoción en otra relación es abrumador.

A través de nuestra vida y experiencias hasta el momento, cada uno de nosotros puede haber conocido a personas que tal vez hubieran sido nuestra alma gemela. De alguna manera u otra nos impactaron de forma positiva, pero ya no están en nuestra vida. Debemos entender que hemos aprendido algo especial de ellos, y ahora debemos dejar atrás el pasado como un simple recuerdo. Ahora es el momento de centrarnos en nuestro futuro, y encontrar una nueva persona, un nuevo/a compañero/a del alma, para que nos acompañe en nuestro camino.

Tal vez piensas que encontrar tu alma gemela es solo una historia de ficción. Sin embargo, también podrías desear encontrar una pareja, ya sea porque es tradicional en tu cultura, por una presión social o familiar, quizás simplemente un método para la no-extinción de vida humana, si es alguna de esas tus razones, entonces seguirá siendo tu sueño el conseguir a esa persona especial. Tú quieres encontrar una persona que comparta su vida contigo, una persona que se sienta como parte de ti y se pueda comunicar honesta y profundamente contigo, quizás sin hablar. Una persona que entiende lo que sientes sin tener que explicarle muchas cosas. Una persona que, con una mirada, se conecta con todo tu ser.

Yo creo fielmente que el alma gemela es real. La persona de tus sueños está en alguna parte, esperando sólo por ti. Tienes la oportunidad de encontrar a esa persona cuya alma es compatible con la tuya, y esa persona no es necesariamente tan difícil de encontrar como tú lo piensas.

Lo que has vivido y hecho en el pasado podría no haber funcionado. Es posible que hayas sido derrotado, aplastado o aún tienes miedo al fracaso. Podrías pensar que después de tantos años ya nada bueno puede suceder. Pero por experiencia propia, te digo algo …hay buenas noticias:

"Tenemos el poder de cambiar nuestra forma de pensar".

¡Tenemos el poder para cambiar nuestra forma de pensar! Si nosotros cambiamos nuestros pensamientos, cambia nuestra acción, y entonces cambian los resultados. Para poder cambiar nuestra mentalidad, debemos poner en práctica estas nuevas herramientas en una secuencia lógica como se presentan en este libro, esto nos permitirá alcanzar los objetivos establecidos. Si pensamos en una relación como una realidad, entonces podemos crear una real relación que es mejor que cualquier fantasía.

El primer paso es entender nuestro verdadero yo, nuestras creencias, valores, personalidad, carácter, educación, familia, cultura, tradiciones y el medio ambiente en el que crecimos.

El auténtico "Yo"

Para descubrir y desarrollar tu auténtico yo, necesitas entender quién eres, lo que realmente quieres, y lo que tú deseas en una relación de pareja. Enseguida veremos cómo muchas veces nos presentamos con una falsa actitud y saboteamos las relaciones. De hecho, si quieres encontrar a tu alma gemela, pero cuando lo haces tratas de ser otra persona, entonces atraerás a alguien completamente errado para ti. Vamos a pasar al capítulo 2 y echar un vistazo más de cerca.

Capítulo 2: Atrayendo lo que tú no quieres.

Muchas veces, tú estás a merced de tu entorno social o familiar, cuando buscas a una persona basada en su apariencia física o en alguna cosa específica que tengan en común. Otras veces, terminas como víctima de ser instalado en una cita a ciegas por alguien que sabe tan poco acerca de ti, pero quiere ayudarte a buscar pareja. Es posible que incluso chateando con alguien en línea tengas la sensación de no saber si es hora de ir a una cita o no. No importa lo que inicialmente conoces de alguien, se sufre el potencial de atraer lo que no deseas.

"Cuando tú no sabes lo que quieres,

obtendrás lo que la vida te depare."

En ocasiones puedes encontrarte dentro de una relación con alguien que parece estar muy interesado en ti. Tú sonríes y te devuelve la sonrisa. Tú bromeas y se ríe contigo. Incluso tú puedes ser ese tipo de persona que desde un principio atrae fácil a otros hacia una relación. Puedes tener muchos intereses y encontrar algunos en común. Por desgracia, quizás ese "algunos en común" sólo puede ser uno, y tus otros intereses puede ser que se pierdan en el camino. Poco a poco, comienzas a encontrar todas las cosas que no tienen en común y te das cuenta que has vuelto a atraer lo que no querías.

Nosotros debemos dejar de andar por la vida tratando de establecer relaciones de pareja, hasta que no sepamos lo que realmente queremos. En primer lugar tenemos que saber lo que está pasando en nuestra mente y comprender lo que nuestro corazón siente, antes de intentar dar nuestro corazón y alma en una nueva relación. Es fácil de decir pero más difícil de hacer porque no es familiar para nosotros. Saber exactamente lo que queremos es aprender a leer nuestros pensamientos, sentimientos y deseos verdaderos. Este libro proporciona las técnicas para hacer el trabajo por adelantado que te dará los resultados que deseas - conocerte a tí mismo para que puedas disfrutar tu relación- en lugar de sufrir los altibajos de enfermizas relaciones.

Podemos salir a la cacería de pareja desde muy temprano, incluso antes de comenzar a buscar nuestra alma gemela, de hecho, cuando sentimos que es hora de encontrar el complemento perfecto, comenzamos a vivir una serie de procesos mentales. Identificamos nuestros miedos e inseguridades y empezamos a construir un "traje" o "disfraz" para ocultar nuestro verdadero yo de los demás. Entonces proyectamos una personalidad de lo que pensamos que otros están buscando, o de lo que creemos que atraerá a la persona que queremos (aunque no sabemos lo que realmente queremos).

Muchas personas juegan un papel, personificando su libreto y se colocan el traje perfecto de su actuación. Se convierten en señuelos humanos, haciendo todo lo posible para impresionar. Están aterrorizados de que alguien pueda saber que tienen un hábito en especial y solo buscan encajar en las normas sociales de la mejor forma que pueden. Mantienen su verdadero yo oculto y sólo lo revelan si se sienten seguros, y cuando ya se sienten seguros dentro de la relación, entonces se abren para convertirse en lo que realmente son. Pero luego se encuentran con que la persona que atrajo ya no le agrada su verdadero yo. O simplemente es demasiado tarde, ya el encanto y la emoción pasó y la otra persona está en retirada.

Si no me acepto a mí mismo, mucho menos voy a pretender que otras personas me acepten tal como soy.

Si nosotros deseamos activamente ser fieles a nosotros mismos y mantener nuestra expresión exterior en total consonancia con nuestro ser interior, tenemos que empezar a mirar hacia adentro y observar lo que está en nuestro corazón y nuestra mente.

Imagina que estas sentado sobre la pared que divide nuestro mundo interior del mundo exterior. Es natural que la mayoría del tiempo estamos mirando hacia afuera, observando nuestro entorno, y reaccionando a los estímulos externos. Estamos acostumbrados a ver qué dice la gente y nuestro lenguaje y expresiones son acerca de los que están a nuestro alrededor, en raras ocasiones andamos autocriticándonos.

Pero si al mismo tiempo, cuando estés sentado en esa pared, giras 180 grados y comienzas a mirar en tu interior, y tratas de establecer tu propia conversación. ¿Cómo te sientes? ¿Por qué te sientes así? ¿Por que respondiste a determinada situación con esas palabras? ¿Qué quieres decir con…? La idea es que logremos la auto observación a nuestras reacciones y sentimientos; identificando internamente cual fue la causa que lo originó, de esa manera nuestro cerebro se va entrenando a dicha práctica, para que se convierta en un hábito el mirarte a ti mismo con un lente objetivo, y consciente, entonces podrás transformar tus palabras y acciones de acuerdo con tu ser interior.

La mente humana sea por instinto o no, automáticamente hace la búsqueda de una nueva relación, inconscientemente busca lo que tú le digas que tiene que encontrar. Hasta que no desarrollas de forma clara y completamente consciente lo que tú quieres encontrar, tu mente estará sujeta al capricho y las fantasías de tu subconsciente. O quizás, tú acabas de atraer a alguien que encuentras atractivo, comienzas un pasivo juego sin establecer ningún papel en la búsqueda, simplemente esa persona apareció y aunque tu sepas que con esa persona no vas a establecer ninguna relación de pareja sana, te das el permiso de disfrutar ese excitante juego de la seducción. A veces te encuentras solo otra relación más que no coincide, y eso te impide de manera consciente encontrar tu verdadera alma gemela.

Tratamos de aumentar las posibilidades de atrapar una buena presa creyendo que si usamos alguna técnica determinada o nos colocamos "El traje adecuado" (me refiero el traje a la actitud y al personaje que queremos mostrar) podríamos entonces conseguir atraer a nuestra alma gemela, pero a pesar del cambio de traje, solemos atraer al mismo tipo de persona más de una vez. Entonces, <u>¿por qué las personas que honestamente dicen, que quieren algo diferente aún así terminan en el mismo tipo de relación que sólo se prometieron que no volverían a entrar otra vez?</u> Es porque atraen a la gente de la misma manera, pero esperando que la relación se desarrolle de forma diferente. Si deseas cambiar tus relaciones, entonces tú debes descubrir y cambiar qué tipo de persona estas atrayendo.

Tú eres único, sino no existiera mundo, pero en general, las personas tienen miedo de mostrar lo que realmente son. Cuando aprendes a romper estas barreras entonces te vuelves una persona transparente, de manera que cuando buscas una relación encontrarás una relación con conexiones en todos los niveles.

Estas pensando que no quieres tener una relación con el mismo tipo de persona de siempre (solo por el hecho de no estar solo), y sin embargo lo sigues haciendo, utilizas las típicas frases de: "solo somos simples amigos con derecho", o "es lo único que tengo a la mano".

¿Por qué vamos a una cita con alguien que no queremos?

Atraemos lo que nuestro subconsciente está buscando. Puedes sentir y pensar que la persona que tú deseas posee una larga y ambiciosa lista de características y por lo tanto esta sería una persona irreal, como lo estas creyendo irreal, entonces será irreal. En consecuencia te estableces un perfil de una persona a un nivel más bajo. Un nivel en el cual tu subconsciente sabe que esa persona solo funciona para pasar el rato, y que será fácil para ti romper más tarde con esa relación. Puedes entonces tomar dos alternativas, seguir con tu juego de saltar de relación en relación o quedarte esperando a tu pareja irreal la cual nunca va a llegar, porque no crees en ella.

¿Es asombroso cómo algunas personas siempre atraen el tipo de personalidad exacta en el que dicen que quieren evitar? Piensa en tu círculo de amigos, y siempre hay una persona que a pesar de haber tenido varios fracasos y malas experiencias con personas casadas, siempre terminan cayendo en una relación con una persona casada. O el caso de aquella persona que le gusta tener relaciones "fáciles" con personas supuestamente fáciles de conquistar pero que a los pocos meses terminan porque no hubo compromiso (¿irónico no?). Que tal, el caso de "Sofia" ella usalmente atrae a hombres con problemas de adicción. Algunos de sus novios bebían demasiado, mientras que otros eran adictos al trabajo o tenía que ir a los bares cada noche para ver los deportes con sus amigos.

A veces no es tan dramático. Tal vez tú o alguien que tú conoces tiene relación tras relación en donde nunca se desarrolla algo más profundo y duradero.

Entonces, ¿Por qué las personas tienden a atraer lo que no están buscando? Por lo general se produce por una de dos razones. La primera es obvia. Algunas personas están tan concentradas en lo que no quieren en una relación, que sólo pueden centrarse en las personas con esas características. La única experiencia que tienen de estar en una relación es cuando identifican ese comportamiento que no les gusta pero los atrae. Ellos no reconocerán a ninguna persona como pareja sin esos rasgos porque no lo van a ver como una potencial relación. Para ellos, no es una relación, sino pueden percibir el estrés emocional y los sentimientos iniciales de atracción que tuvieron en el pasado. Las alternativas para ellos no existen, porque ni siquiera podrán ver a otras personas que sean distintas de su "tipo". Y la descartarán inmediatamente.

La segunda razón por la cual la gente atrae lo que no está buscando es mucho más una cuestión del subconsciente. Cuando sin saber damos señales equivocadas, y actuamos de cierta manera, vestimos de cierta forma, y empezamos las relaciones de una manera determinada. Por ejemplo, cuentan de una mujer guapa que viste con ropa atractiva, se adorna con joyas brillantes, y se pone el maquillaje como una modelo o actriz. Ella considera que sólo los hombres más agresivos y seguros de sí mismos serán atraídos por ella. Al principio, ella se siente halagada, pero luego se encuentra con el hombre que en realidad sólo se preocupaba por su apariencia física. Una vez más cae en una relación superficial. Ella busca al hombre cuidadoso, y emocionalmente estable, el hombre que está dispuesto a tomar el tiempo para conocerla profundamente, pero posiblemente ese tipo de hombre puede ser intimidado por la forma en que ella se presenta. Sin embargo, ella sigue diciéndose a sí misma que la próxima vez será diferente, sin examinar que está haciendo bien o mal.

Un hombre también puede atraer a las mujeres sobre la base de su apariencia y personalidad social. Su ropa costosa, reloj de marca, y el coche de lujo puede hacer que se sienta bien consigo mismo. Se proyecta como un señuelo llamativo. El pez más rápido que muerda la carnada es la que se lleva a casa. Pero cuando la mujer descubre que la verdadera personalidad de ese hombre está basada en elementos materiales y eso no es lo que ella anda buscando, entonces simplemente se retira, o por el contrario si ella le atrae también lo material y sólo está interesada en lo que el dinero puede comprar, el hombre entonces se siente utilizado y la relación también se cae a pedazos.

Mientras tanto puedes creer que tienes éxito iniciando relaciones, pero no es un éxito que se sostiene a largo plazo. La gente está mucho más allá de su apariencia. El problema con las citas basadas en la apariencia externa es que no sabe lo que está debajo de la superficie hasta que inviertes el tiempo necesario para llegar a conocerse unos a otros. Sin embargo, cuando nos presentamos como disponibles para la cita, se suelen utilizar las miradas como la primera herramienta para la comercialización de nosotros mismos hacia los demás. La relación se desarrolla lentamente, quizás surge un poco de miedo, y cada uno de nosotros comienza a esconder partes de sí mismo que pensamos que al otro no le van a gustar. Pero ya cuando empezamos a sentirnos un poco más seguros, de repente las chispas vuelan, cuando revelamos nuestra verdadera naturaleza.

El *auto-descubrimiento y la fe en los valores* que poseemos nos permiten ofrecer un mejor mensaje a la audiencia que nos conducirá a diferenciarnos. Esto nos permite ser francos con la singularidad que nos hace ser nosotros mismos, y generando, y proyectando esa paz que se siente cuando somos auténticos. Entramos en una relación con la verdad en las manos y con una persona que reconoce y quiere lo que tenemos para ofrecer. ¿Qué podría ser mejor?

¿Qué es lo que atraes?

El primer paso para cambiar algo es identificar el origen del problema. Tómese un momento para reflexionar sobre sus relaciones pasadas. Haga una lista de cada una de sus relaciones y muestre lo que le atrajo de ellos, así como los conflictos que existían entre los dos. También debes agregar una nota de carácter general donde describes lo que tú piensas que aprendiste en cada relación.

Cada relación, nos prepara para la siguiente. La buena noticia es que incluso una mala relación puede enseñarnos algo sobre nosotros mismos. Podemos aprender de ella y seguir adelante.

Esta lista de relaciones pasadas, no se va a utilizar para señalar todos los conflictos a detalle que viviste con cada persona. Este ejercicio es para ayudarte a ver qué elementos de atracción y elementos de conflictos resaltaron en alguna de tus pasadas parejas, y como te afectaron a ti. Necesitamos que observes objetivamente cada elemento, y tu reflexión te ayudará a crecer y a autoanalizar ese traje de atracción que estas utilizando.

Para ayudarte, trata de recordar cuando en esa pasada relación tuviste alguna repetida discusión, ese tipo de problema recurrente que te molestaba que ocurriera y a su vez contrástalo con la personalidad de esa pareja que te hizo caer en el amor. Una vez que identificas estos dos elementos de análisis, entonces realizas la reflexión sobre qué cosas puedes tú cambiar, qué puedes tú mejorar, recuerda que es tu reflexión, no podemos cambiar a los demás y mucho menos cambiar el pasado. La lista puede ser algo como esto:

Nombre	Elementos de atracción	Elementos de conflicto	Mi reflexión
José	Decidido, valiente, líder, exitoso, inteligente.	Dominante, controlador, celoso, suspicaz.	Como era una persona controladora y suspicaz, aprendí a hablar directamente, porque las ambigüedades de mi comunicación causaron conflictos en la relación.
Nombre	Elementos de atracción	Elementos de conflicto	Mi reflexión
Pedro	Alegre, divertido, fácil de llevar, aventurero, cariñoso.	Despreocupado, falta de atención, distraído, irresponsable.	Atraída por un hombre que no me controlara pero no sentía que él estuviera pendiente de mi. A partir de allí busqué coincidir el compromiso y la responsabilidad con una personalidad cariñosa y aventurera.

¿Viste algún elemento tuyo en esta lista? ¿O este ejercicio te hizo reflexionar sobre tus expectativas? ¿Sientes que tienes que hacer algo diferente para obtener resultados diferentes?

Ahora, la respuesta no es simplemente tratar y encontrar a gente diferente. Ahora que estas empezando a comprender lo que atraes, es hora de mirar dentro de ti mismo.

Atraemos a las personas con estas características, porque nuestro traje de caza tiene el código perfecto para ese acoplamiento.

Ejercicio: Atracción-Conflicto

Nombre	Elementos de atracción	Elementos de conflicto	Mi reflexión

En otras palabras, hemos atraído a cierto tipo de personas porque, hasta ahora, hemos pensado, actuado, hablado y comportado de una manera que era consistente con lo que era atractivo para ellos. Podemos pensar que cambiamos en nuestra mente lo que queríamos, pero no hicimos ninguna tarea específica para cambiar nuestro método o modos de conocer gente nueva y nuestra actitud al momento de interactuar.

Pero todo esto no significa que tendrás que cambiar de lugar donde frecuentabas pasar el rato, o cambiar tu estilo de cabello, escoger ropa nueva, o simplemente creer que tienes que reunirte en un nuevo círculo social, o viajar lejos de casa. Voy a explicar lo que quiero decir a través de un ejemplo, mi propio ejemplo de la vida real.

En los últimos diez años, he viajado por más de ocho países diferentes, he participado o facilitado en grandes eventos, me he reunido con todo tipo de personas, y he asesorado, desarrollado e impartido diversos cursos, talleres y auditorias. Me uní a varias asociaciones empresariales y disfruté de muchos festivales y actividades de grupo, pero nunca pasó nada. Nunca había encontrado una alma gemela, ni siquiera una relación estable - **hasta que seguí el proceso que se detalla en este libro.**

Muchos de mis amigos me preguntaban: "¿Cómo es posible que tú que conoces a tanta gente y que estás involucrada en ambientes diversos, sigues sin poder encontrar una pareja?" ¡Y por supuesto yo también me estaba preguntando lo mismo!

Ahora las preguntas son para ti, "¿Quieres vivir en una relación llena de teatro? ¿Deseas simplemente aceptar que estás condenado a atraer a cierto tipo de persona? ¿o te gustaría optar por tener una relación sana con armonía y equilibrio, y en donde fluyan las pasiones y exista la paz?"

Es tu elección, es hora de cambiar tu "traje". Es hora de romper el ciclo de las relaciones no saludables que desgastan tu energía.

Quedar atrapados

Una mala relación puede ser como una droga. Que te vuelve adicto a las relaciones y al drama, y que te hace provocar todo tipo de sentimientos oscuros y dudas. Pero al igual que una balsa salvavidas, puedes aferrarte a la mala relación, o al contrario dejarla flotar sola en un mar de incertidumbre. A veces es difícil dejar de lado lo que sabes y conoces, para aventurarte a un nuevo camino por cuenta propia.

Yo, (Lisett) me aferré a una mala relación, incluso cuando entendía que las cosas iban por mal camino. Es difícil terminar una relación, y más aun, cuando comienza el proceso del drama. Muchas veces yo me llevaba ese mismo drama para mi próxima relación.

Pero no todo es tan malo como parece. Aprendí a mirar los eventos y situaciones de un modo más objetivo y los usaba como una experiencia de aprendizaje para evolucionar al siguiente nivel, un nivel donde pude identificar el traje o disfraz que estaba usando y lograr un cambio para atraer a la persona adecuada.

Otro paso es definir lo que entendemos por una "pareja perfecta". No es una talla única para todo el mundo. Puede que estés pensando, como yo lo hice, ¿cómo puedo saber que ésta es la persona adecuada? Es especialmente confuso, más si hemos pasado años en la búsqueda, y viviendo por muchas experiencias "fracasadas", nos volvemos escépticos de nuestras propias relaciones. Y para añadir más a nuestra confusión, nuestros amigos, familiares y la presión social comienzan a decirte: "Hay que establecer una buena relación. ¿Cuándo te casas? ¿Cuándo tienes hijos? Cuándo vas a empezar una familia?"

Y este es el momento en que la razón y la emoción van cabeza a cabeza en una lucha interna. La razón por su parte te dice que no hay que desesperarse si no logras establecer una relación profunda con la primera persona que encuentres. Y la lógica apoyando a la razón te dice que debes tener cuidado después de tantos golpes en el pasado. Sin embargo, la emoción te pide que encuentres a alguien antes que sea demasiado tarde. Tienes poco tiempo, te sientes solo, y si aparece incluso una mala relación es mejor que no tener ninguna relación. Ahí es donde caemos en el error, porque nuestra emoción está ya lista para aceptar a una persona o una relación cuando no es lo que realmente quieres. Le estás diciendo a tu subconsciente que tú "quieres" a alguien que no es adecuado para ti. Tal vez tus emociones han estado dirigiendo tu vida y el balance entre la razón y el saber qué es lo que realmente quieres hace más difícil encontrar el verdadero camino.

¿Cómo cambiar las cosas? El poder del pensamiento y del hablar son increíbles. Tomamos decisiones todos los días para co-crear cosas. Creemos en una idea y la hacemos realidad. A veces, sin embargo, las cosas no son exactamente como lo habíamos planeado, y es entonces cuando las dudas comienzan a distorsionar nuestra manera de pensar.

Sé consciente de tus pensamientos

Empezar a transformar nuestra forma de pensar no es nada fácil, porque primero tenemos que identificar lo que estamos pensando y entonces debemos colocarnos en una perspectiva global, desde afuera. Desarrolla el hábito de hacer una pausa y reflexionar sobre tus pensamientos. Es posible que te sorprendas en medio de una diatriba contraproducente o una diatriba de energía en donde alguien más comienza a robar tu energía. Cuando no estamos conscientes de nuestras emociones muchas veces permitimos que otras personas entren a perturbar nuestra paz y armonía interna, a esas personas yo les llamo ladrones de energía, pues son capaces de mover dentro de ti cualquier sentimiento oscuro, pero solo si tú lo permites. Cuando aprendes a detenerte e identificar los pensamientos negativos, tú tienes el poder para cambiarlos.

Digamos que estás en camino a conocer a alguien en persona. Ustedes se han pasado e-mails de ida y vuelta, y después de hablar por teléfono varias veces, llegó la hora de la cita cara a cara. Si en ese momento dejas que tu mente se preocupe o sienta temor de algo…. prepárate para un mal resultado, pues en tu actitud, y en tu energía lo vas a demostrar.

Es posible que hayas querido mostrar un seguro y auténtico "traje", pero se te hace difícil a causa de tu profunda preocupación. Si el miedo se manifiesta, entonces este se hace cargo de la escena. En ese punto, mejor prepárate porque es probable que la cita no resulte exactamente como lo imaginabas.

Ahora imagínate la siguiente alternativa. Antes de la reunión, tú comienzas a tener pensamientos positivos. Es posible que los pensamientos negativos traten de entretenerte, pero los detienes y te centras en lo que realmente quieres.

Por supuesto, tú encontrarás también actitudes y sentimientos que no pertenecen a una categoría bien definida positiva o negativa. En este caso, tenemos que discernir si esos pensamientos están alineados con nuestros verdaderos objetivos, y si esos pensamientos ayudan a mostrar el traje correcto para atraer a la persona adecuada.

Todo lo descrito puede parecer muy lógico y hermoso, pero me imagino que en tu mente te preguntas, "Uhm... ¿cómo puedo observar mis sentimientos?" Esto es algo que no solemos pasar mucho tiempo haciéndolo. Lo mejor que puedes hacer es empezar.

Te recomiendo empezar a practicar todos los días para entrenar tu mente por lo menos 15 minutos de auto-observación. Si estás en tu coche, por ejemplo, ten en cuenta tus sentimientos en general, sobre el día y cómo te sientes ahora. Tocar y sentir la textura del material donde estas sentado. Escucha el sonido de la radio, los sonidos a tu alrededor, y cualquier ruido generado por el vehículo. Respirar y pensar en los diferentes olores que están presentes. Concientizar el sentido del gusto en tu boca. Y mirarte a ti mismo sentado en el coche en relación con el mundo que te rodea.

Con este ejercicio, el cerebro comienza a fortalecer la auto-observación. Que hará crecer tu capacidad de percibir tus seis sentidos (sensación, el tacto, oído, vista, olfato y gusto). Tradicionalmente, la ciencia habla sobre los cinco sentidos. Pero ya que también tienen sentimientos sobre las cosas importantes, hemos añadido el sexto, y no estamos hablando de ver gente muerta.

Una vez que tú has estado practicando este ejercicio durante una semana, debes empezar a aplicarlo dos veces al día. Además, cuando hablas con alguien, un amigo o un miembro de la familia, observa cómo te sientes a través de cada uno de los seis sentidos.

Es importante que observes objetivamente en el momento en que sientes emociones fuertes. Cuando tienes sentimientos oscuros, de dudas de ti mismo, de ira, o por el contrario sentimientos brillantes de alegría, entusiasmo y amor, tú comienzas a ver cómo incorporas estas emociones en tu postura física, tu lenguaje corporal, las palabras que usas, y tu tono de voz. *Nuestros sentidos están conectados con nuestros pensamientos y nuestros pensamientos controlan nuestra comunicación.*

Todo esto te ayudará a identificar lo que sientes y a descubrir algunos de tus temores. Los temores se esconden en nuestros pensamientos, protegidos por nuestros egos, y deben ser erradicados por la auto-observación. Basta con cambiar una palabra en nuestra propia mente y comunicación, y esto puede cambiar nuestra forma de ver un evento y por consecuencia cambia el entorno y la actitud de las demás personas.

Por ejemplo, si algo le pasa a mi computador al momento de hacer una presentación, yo podría decir a un compañero de trabajo, "se produjo un **problema** con mi computador cuando yo estaba hablando con mi cliente. No pude terminar de mostrar los nuevos productos que tenía en la presentación. Mi jefe se enojó y toda la reunión se convirtió en **un desastre.** Hemos tenido que crear una nueva reunión, pero creo que ya hemos **perdido el cliente**".

Si simplemente cambias las palabras un poco, tu podrías decir: "Yo tuve una **situación** con el computador en el momento que estaba hablando con mi cliente sobre nuestros nuevos productos. Mi jefe estaba enojado, pero hemos sido **capaces** de hacer una nueva cita. La buena noticia es que ahora tendremos tiempo para preparar una mejor presentación y mejorarla con la información que **hemos aprendido del cliente** durante nuestra primera reunión. Creo que tenemos **una mejor oportunidad** para hacer una buena venta. "

Un simple cambio de "**problema**" a la "**situación**" te quita un peso de encima y nos da la oportunidad de mirar de forma automática nuevas alternativas posibles en nuestro cerebro. Al instante, tú sientes que llevas una carga más ligera, y así se abren puertas en tu mente para ver oportunidades, el secreto aquí es reconocer que en cada evento o situación que vivimos en la vida está llena de infinitas oportunidades y una vez que tú crees esto, el universo te brinda y apoya con infinitos recursos. Al cambiar las palabras, cambia tu mente y cambian tus sentimientos. Es así de simple.

Cuando hemos identificado el pensamiento correcto, tenemos que utilizar las palabras adecuadas. Las palabras deben ser sentidas y auténticas cuando las usamos. Cuando estamos conectados con nuestras palabras, y esa conexión está dirigida por el pensamiento consciente, hemos logrado un progreso significativo. Finalmente, nuestra dirección consciente se convierte en nuestro guía del subconsciente.

Por lo general, cuando hablamos, estamos en un modo emocionalmente espontáneo en algunas expresiones. Estos momentos de espontaneidad nos pueden llevar a la fama y la gloria, o también pueden conducirnos al fracaso. Dependiendo de lo que decimos y cómo lo decimos.

Con todo esto, yo no quiero decir que necesitas perder la espontaneidad en la comunicación. Por el contrario, hablar espontáneamente es una herramienta maravillosa si la armonía, la alegría y el amor están en sincronía con tu ser. Así es como surgen expresiones espontáneas que nos ayudan a lograr lo que queremos. Pero si hay una base de miedo, odio, desesperación, duda, depresión, tristeza e ira, el flujo de tus expresiones espontáneas lograrán hacerle daño a tu alma y a las almas de las personas que te rodean.

Si queremos alcanzar el pensamiento consciente, debemos de elegir las palabras conscientemente, y transformar nuestras expresiones desde dentro, mediante la observación interna. Tenemos que mirarnos a nosotros mismos con un lente objetivo, un lente que te permita ver lo que sucede cada minuto, cada segundo en nuestra mente y corazón, y no invertir tanto esfuerzo en la observación externa.

Recuerdo que hace unos años tuve problemas de comunicación en una de mis relaciones. Un día hablé con una amiga psicóloga. Ella dijo que tenía que tomar notas acerca de los temas o palabras que fueron las causantes del problema en nuestra relación. Empecé a observar atentamente lo que había dicho, mi conducta y actitud.

A veces, cuando tienes problemas con tu pareja nunca te cansas de hablar de la lista de defectos de la otra persona, pero pocas veces o nunca te haces una autocrítica. Te conviertes en la víctima de esa relación y comienzas a distribuir la culpa y la responsabilidad plena a la otra persona. Sin embargo, es importante saber que en una relación, la real responsabilidad de todo lo que ocurre es de 50% - 50%. Sin embargo, debemos aceptar el 100% de nuestra parte de responsabilidad. Debemos estar dispuestos a aceptar la plena responsabilidad por nuestras reacciones y nuestro comportamiento.

Empecé a observar cual era mi reacción, o las palabras que causaban el problema en mi relación. Entendí que cuando me sentía controlada y mi pareja me presionaba, mis pensamientos eran tercos y arrogantes, y en consecuencia ese cúmulo de emociones hacía frustrante mi comunicación, y yo comenzaba a usar palabras poco claras y precisas que eran blanco fácil para crear dudas en mi pareja. Cuando mi pareja sentía mi duda y lo que parecía ser mi inseguridad, eso incrementaba su pasión por la creación de perspicacia y control. En consecuencia el ciclo continuaba y el drama era el protagonista.

Cuando por fin identifiqué mi discurso, encontré lo que estaba causando el drama y me propuse a transformar aquellas palabras y actitudes que provocaban situaciones poco cómodas para la relación o mejor dicho situaciones intolerables. Yo identifiqué algunas palabras claves como "quizás", "a lo mejor", "podría ser", "tal vez" y las cambié a las palabras más precisas, tales como "sí", "no", "no lo sé" o "no puedo porque..." En ese momento comenzamos una comunicación más clara, y mejoró la armonía y hubo paz. Él parecía menos controlador. No había drama, el juego se había acabado. Pero para él, quizás sin ese juego no había emoción. Y la relación de igual forma terminó, pero en armonía y con un gran aprendizaje.

Si crees que has perdido el tiempo en relaciones pasadas, ya que no te casaste nunca, y ni siquiera viviste en paz con esa persona, estas equivocado. Todas nuestras relaciones pasadas nos enseñaron a ser lo que somos ahora, y estamos listos para recibir nuestra relación nueva y verdadera. Tú tienes las herramientas en este libro, y a través de tu acción y la ejecución de cada ejercicio, puedes encontrar tu alma gemela en sólo 90 días.

Atraer lo que deseas

Una vez que identificas la forma en que inconscientemente atraes relaciones que realmente no deseas, puedes empezar a cambiar tu forma de pensar. Como a comprender más acerca de quién eres y lo que quieres, comenzarás a centrarse en tu "yo interno" – esa es la clave de esta transformación.

Este libro no es para brindarte una simple receta en donde te damos consejos superficiales de cómo conseguir pareja. Aquí te ayudamos a transformar internamente y a preparar tu alma para encontrar tu verdadera alma gemela. Cuando se produce una verdadera transformación, automáticamente empezarás a mostrarte, hablar y actuar en completa sincronía y conformidad con la relación que tú realmente deseas atraer.

Cuando tu aspecto exterior es realmente un reflejo de tu aspecto interior, ya está listo.

¡La elección es tuya! Te dijimos que todo es posible. Si realmente crees en esto, y pones la acción detrás de tu creencia, encontrarás que tú puedes hacer que las cosas sucedan.

El capítulo 3 es la verificación de la realidad. Verás cómo la gente sabotea sus esfuerzos para encontrar un alma gemela, y una vez que comienzan a estar con alguien pueden arruinarlo todo.

Notas

Capítulo 3: El Sabotaje del Subconsciente

La palabra "sabotaje" aparece en las novelas, las películas y las relaciones, pero ¿Qué significa realmente? Por definición, una persona que sabotea destruye algo y, al mismo tiempo esta actúa como si estuviera tratando de ayudar a solucionarlo. Tu Conciente puede creer que quiere algo, pero el Subconsciente podría sabotear las cosas en tu vida porque él realmente no las quiere. Esto ocurre porque muchas veces no hemos internalizado lo que somos y/o tenemos algún conflicto con cosas que no están alineadas con nuestra esencia. Sin saberlo, el señor sabotaje da pequeños pasos para asegurarse que la "cosa" no suceda. Entonces, ¿Por qué saboteamos las cosas que creemos querer?

La necesidad de estar en una relación es a menudo distorsionada o disfrazada por nuestro subconsciente, y así, se inicia el juego y la tensión entre lo que quiero, lo que deseo, y lo que tengo.

Por cjcmplo:

Me gustaría una relación, pero también me gusta mi vida social como una sola persona.

Me gustaría formar una familia y compartir mi vida con una persona especial, pero por lo demás, no creo en esas etiquetas sociales de la familia. Todo lo que suena complicado y lleno de responsabilidades que no estoy dispuesto a asumir.

Puede que existan las almas gemelas pero ¿Cómo la reconozco? Y si encuentro a mi alma gemela, eso significa que debo dejar de compartir con mis amigos y amigas? Cómo se yo que esa persona es mi alma gemela, y si luego aparece la verdadera que hago con esta?...

Para poner fin a ese juego donde tu subconsciente actua en contra de tu interés, debes ser claro acerca de lo que realmente quieres y deseas hacer realidad. Debes estar listo para seguir adelante y encontrar tu alma gemela, de lo contrario estás trabajando en contra de ti mismo.

Lo que pasa es que tu subconsciente no quiere que te sientas tan mal. Tu siempre fiel amigo, el subconsciente, comienza a frotar tu espalda. Él te hace preguntas, te pone a dudar y te dice en un tono reconfortante, "Estar solo no es tan malo. Puedes ir a fiestas cuando quieras, tienes la libertad para hacer lo que quieras... pero si tú tienes una relación, ¿Tú crees que puedes mantener una vida social?"

Una vez que determinamos que tener una relación es difícil, que es limitante y estresante, y, de hecho, le damos poder a nuestro subconsciente para crear relaciones contradictorias, llenas de frustración y fracaso. Y es asombroso como nuestro discurso nos apoya, siempre en una reunión social la gente comienza a preguntarte del tema, y si tienes una posible pareja comentas o susurras en tono bajo, si ando saliendo con alguien pero tú sabes…es que tiene tal y cual defecto. O de otra forma comienzas a atacar a las personas que tienen parejas insinuándoles las limitantes que "tú" supuestamente no tienes.

El misterioso saboteador llega al extremo de estar íntimamente vinculado con una pareja y hasta decir que "estamos comprometidos", pero luego empezamos a distanciarnos, sin explicación alguna. Mantenemos algunos secretos, intencionalmente se nos olvidan algunas ocasiones especiales, porque en el fondo no queremos que se acerque demasiado a nuestros sentimientos. Nosotros sabemos lo que significa terminar una relación y los conflictos que esto conlleva, por lo tanto evitamos conexiones profundas. En esencia, queremos tener a alguien cuando es conveniente. No quiero estar solo. Pero no queremos avanzar, para compartir nuestras vidas, o construir una base profunda para nuestro futuro.

Si estás leyendo este libro no es por casualidad. Tú estás cansado de los juegos. Y si sabes que deseas tener una relación auténtica, entonces te puedo decir que has alcanzado el primer paso hacia tu meta.

Autoexamen - ¿Estás saboteándote?

Hay muchas maneras de sabotaje, incluso antes de comenzar su búsqueda.

Reflexionar sobre tu vida en este momento, y si tienes algún "enganche." ¿Hay algo que tienes miedo de perder si entras en una relación?

Si tú estás enganchado en algo, es posible que esto sea una muleta, una excusa para que realmente no tengas que buscar tu alma gemela? ¿Tú tienes miedo de buscar y entonces fallar?

¿Tienes miedo de hacerte daño otra vez?

¿Has tenido citas y las relaciones han fracasado? Tal vez es aceptar el pasado como tu realidad en el futuro.

Echemos un vistazo a cómo nuestro subconsciente puede sabotear nuestras posibilidades de encontrar nuestra alma gemela.

El subconsciente está alerta para reaccionar en cualquier momento, especialmente cuando estás bajo presión o nervioso. Esto es especialmente cierto cuando estamos haciendo una primera impresión con otra persona. Digamos que durante la cena, tu mente se distrae y de alguna manera tú terminas comparando esta nueva persona con tu anterior relación. Tal vez algún pequeño detalle, incluso provocó un recuerdo de alguien más. Sin querer, asumes una actitud o postura. Tú reaccionas ante esta persona como si estuvieras en una situación antigua.

Tal vez tu pareja anterior era celosa o posesiva, un seguimiento constante en tu día a día. La nueva persona te pregunta: "¿Cuáles son tus planes para el fin de semana?" Puede que sólo sea su forma de proponer una nueva salida, algo divertido, o sólo mantener una conversación. Pero si tú estás conectado con tus experiencias pasadas, de repente te puedes sentir constreñido y ahogado. Tu reacción puede ser exagerada y quizás repulsiva en comparación con la inocencia de la pregunta. Aunque más tarde puedas excusarte, pero la reacción ocurrió de todos modos. Tú sientes que esta nueva persona también quiere controlarte. Incluso siendo esto una simple conversación, tu subconsciente cree que esto es un indicio de que pronto te estarán controlado, estresado de nuevo en una relación y diciendote qué hacer por cada uno de tus movimientos.

Otro ejemplo es el de "asumir", cuando conocemos a alguien. Hacemos inmediatamente una novela o historia de esa persona a la primera impresión, en base a su apariencia o algún pequeño gesto o cosa que diga: Un apretón de manos firme o blando, donde un apretón de manos suave significa una persona "débil". Pero… ¿y si alguien te da la mano con suavidad porque se lesionó el día anterior? Ahora tu percepción es completamente errónea. O tal vez juzgas a una mujer porque usa una falda muy corta, ya que un café fue derramado sobre sus pantalones, y su amiga le ofreció una falda prestada. Tal vez una persona con zapatos sucios o rayados pensamos que es descuidado y poco aseado pero quizás este estuvo ayudando a alguien a cambiar un neumático en la carretera. Podemos ver a la persona como descuidado en lugar de alguien con un gran corazón que se preocupa por ayudar a los demás. Es cierto que podemos aprender acerca de las personas por su apariencia, pero también es cierto que un simple momento, un detalle, hizo que no contaras la historia correcta.

Nuestro subconsciente usa los pequeños detalles como una cámara fotográfica donde rápidamente captura una imagen de la otra persona. En ocasiones vamos a determinar lo que el otro piensa de nosotros en el primer minuto. Una típica historia es cuando dos personas se encuentran por primera vez en una cita y no se cayeron bien al principio. A veces, pueden lograr llegar a la confianza y se conectan, confesando que los dos estaban tan nerviosos que enviaban la señal equivocada.

Asumimos que las cosas positivas y negativas acerca de los potenciales compañeros cuando los conocemos por primera vez. Durante la fase inicial, cuando estamos tratando de procesar todo y nuestra mente trata de llenar los espacios en blanco con "supuestos". Tenemos miedo de salir de nuestra zona de confort y hacer preguntas. Suposiciones y conjeturas, nos impiden la comunicación y la obtención de una objetiva información.

Cuando conocemos a alguien, nuestra mente está llena de suposiciones y creencias acerca de lo que el otro piensa. Estas creencias son falsas. Ellas no son la realidad. No son lo que la otra persona realmente cree o piensa.

Caer en la predisposición de una actitud

El proceso de asumir las cosas positivas y negativas nos lleva a una actitud predispuesta (**PreAct**) la cual nos lleva a crear cosas y situaciones no objetivas. PreAct es un elemento altamente peligroso. Es una de las principales armas del saboteador. Si la persona no me llama, cuando me dijo que lo haría, nos hace pensar inmediatamente: "Creo que no le intereso", "Mejor dejo las cosas asi", "Yo no voy a estar persiguiendo a nadie". A su vez, nos encontramos reacios a preguntar o hacer nada al respecto de la situación. Y nos retiramos.

Hacemos suposiciones y conjeturas, pero a menudo no tienen la oportunidad de comunicarse o hacer una pregunta para aclarar y descubrir a un nivel más profundo de comprensión. Realiza preguntas, si tú planteas una pregunta sincera, generarás una respuesta honesta y contribuyes a llegar a una verdadera relación. Imagina lo que podría haber pasado si en lugar de retirarte le preguntas con preocupación genuina, "¿Por qué no llamaste? ¿Por qué llegaste tarde a la cita? O… ¿Por qué te sientes triste o distante?"

La auto-observación objetiva, es la herramienta especial que puedes utilizar para combatir el sabotaje de tu nueva relación. Recuerda que tú estás en un proceso de renacimiento y nueva creación, tú eres el responsable de la reprogramación de tu mente y de tu alma, para así poder recibir a la nueva persona. Tenemos que saber cómo nos sentimos realmente con el fin de relacionarnos mejor con los que nos rodean.

Por último, la comunicación empática que viene desde adentro puede contribuir a nuestra transformación y, finalmente, nos rescatará del auto-sabotaje. Cuando nuestra alma está en sintonía con nuestra mente y hay armonía interna, se genera un fluido y sincero diálogo. Cuando tú puedas observar tus propios valores, solo así podrás ver los valores de la otra persona. Si tú eres una persona muy crítica hacia los demás, entonces tal vez tú eres crítico hacia ti mismo. Muchas veces, lo que nos molesta de la mayoría de los demás a menudo es el reflejo de nuestro malestar interno. Debes usar un lente de compasión y comprensión cuando te comunicas con los demás. Cuando valoras y consideras a la otra persona, tu alma comienza a crecer y brillar.

Recuerda, el asumir pueden entrar en juego a medida que comienzas a hablar. La solución es hacer preguntas claras y precisas. Estas preguntas, si se hacen con amor, comprensión, compasión y ternura, generarán una respuesta honesta y ayudará a ambas partes a llegar a una real relación.

Ahora, tienes la oportunidad de reescribir tu guión. La oportunidad de diseñar estratégicamente tu nueva relación y tu nueva experiencia. Sólo tu mente, cuerpo y alma en armonía tienen la maravillosa energía de la co-creación.

Tres pasos para desactivar sabotaje

1. No dés por sentada tu idea, no caigas en tu **PreAct.**

2. Usa la auto-observación objetiva.

3. Comunicación Empática.

Notas

Capítulo 4: Las Almas que no Coinciden

Si recuerdas esas comedias románticas donde los protagonistas tratan de encontrarse pero comienzan a vivir una serie de calamidades, como que perdió el número de teléfono, pierden un vuelo, hasta más dramático aún tienen un accidente y sufren de amnesia. Entonces la otra persona malinterpreta la situación y se anticipa a lo peor con base a la falsa evidencia.

Claro, tú piensas, que con sólo comunicarse mejor las cosas cambiarían, pero la historia es divertida ya que las diversas situaciones, críticas, ideas y supuestos, mantienen separados a los protagonistas durante mucho tiempo. Esa gente ficticia tiene suerte porque tienen un escritor que poco a poco los une y elabora una historia entretenida con un final feliz.

¿Qué sucede en la vida real cuando dejamos que todos estos "eventos dramáticos" tomen el control?

O, en otro sentido figurado de la historia puedes mantener una relación en donde falta la real comprensión de una determinada situación, la forma en que realmente ellos se sienten acerca de esa relación, y los mensajes que envían y reciben. Al comienzo de la relación, las personas tienen miedo de expresar sus sentimientos a los demás y se colocan en la postura de "no involucrados" y ese es el mensaje que el otro está leyendo, por lo tanto la comunicación no es auténtica, en consecuencia "asumen" ambas partes que no hay interés en la relación… "Uff suena complicado", pero es un emocionante juego del amor, porque vivir la duda y el suspenso hace crear diversas emociones dentro de nosotros pero luego podríamos reír y disfrutar de lo ocurrido, o simplemente sumar un número más a nuestra lista de intentos.

La historia de María y Tom

Tom tiene ahora 38 años y está soltero, pero con una actitud "positiva" abierto a recibir una nueva relación. Conoce a una mujer soltera de la misma edad llamada María, que es muy simpática, inteligente y alegre.

Entran en la fase del emocionante y mágico cortejo, y comienzan a ir a cenar juntos, al cine, caminar por el parque, y la relación crece durante el primer mes. Ambos se sienten muy atraídos el uno por el otro, tienen una comunicación relativamente buena, comparten muchas cosas juntos, y todo parece estar funcionando muy bien.

María se enamora de Tom, su proceso de seducción avanza al siguiente nivel. Ella siente que están en sintonía, siente que van en la misma dirección. Ella empieza a acelerar la relación y quiere pasar más tiempo con él, compartir más momentos, y participar juntos en actividades de la familia.

Pero tal vez no están en la misma sintonía. Por otro lado Tom siente que las cosas deben tomar su tiempo para crecer. En su mente comienzan a pasar vagamente palabras como "apresurado", "presionado", pero no lo comparte con María. Él piensa que sólo tienen que tomar un poco más de tiempo para conocerse. Entonces él empieza a buscar excusas para posponer o cancelar los encuentros familiares y comienza a llamarla con menos frecuencia. Se inicia un proceso pasivo de separación.

Tom siente que es demasiado pronto para ir a un segundo nivel de la relación y teme decirle a María acerca de frenar las cosas. Él piensa que si él dice: "Vamos a tomar las cosas lentamente", esto podría herir a María. Esto solo podría causar drama y teme que la relación se termine. María por su parte solo quiere pasar más tiempo junto con Tom para hablar y compartir los problemas cotidianos y empezar a construir una relación más fuerte. O tal vez sería mejor romper la relación, ya que él no está preparado para eso. Él simplemente no tiene el coraje para decirle cómo se siente. En su lugar, él simplemente comienza a distanciarse de ella pero al mismo tiempo quiere mantener la relación… ¿Él sabrá realmente lo que quiere?

María se pregunta si Tom está perdiendo el interés. ¿Podría ser que él no quiere estar con ella? Este temor hace la primera fisura a la relación. Ella piensa que, si se tratara de una buena y auténtica pareja, no estuviera pasando esto, entonces no hay razón para perder el tiempo con una persona así.

Entonces, ¿qué está pasando con Tom? ¿Por qué no quiere moverse al mismo ritmo? ¿Por qué bajó la intensidad de la relación? María se imagina que tiene a otra persona, preguntándose si ese es el problema. ¿Será que yo no soy lo suficientemente buena para él, o peor aún, podría ser que está jugando con dos personas al mismo tiempo? ¿Por qué evade las conversaciones cuando se habla de un futuro juntos? Esos pensamientos hacen crear rencor en María. Para ella es difícil demostrar su afecto a una persona que tiene dudas y por eso se retira, aunque ella pasa mucho tiempo pensando en él, y pensando en cómo ella podría rescatar de nuevo la relación, simplemente con dolor toma las riendas del corazón y se dispone a estar de nuevo sola. Ella se lamenta de otra relación fallida y comienza a mirar a su alrededor buscando otras posibilidades ya que es un callejón sin salida.

Tom, por otro lado, ahora siente que María no es la misma persona que antes. Tom trata de recuperar su relación, pero ya es demasiado tarde. Ella no está segura acerca de Tom y cree que tiene otra relación en paralelo. El distanciamiento de María le lleva a creer a Tom, que ella también tiene a alguien más y no está interesado en él. Tom piensa que ella no es sincera y auténtica con él, ya que ella no valoró los maravillosos momentos que compartieron y siente que tristemente se trata de una relación fugaz.

Tom cree que María es una persona de sentimientos fugaces que un día muestra profundo amor y al otro día es fría e indiferente. María cree que Tom es una persona cerrada, fría, que no quiere tomar la responsabilidad de una relación seria. Es sólo otro hombre en busca de afecto y sexo.

Tom y María actúan bajo el control del Sr. Subconsciente. Las relaciones pasadas comienzan a dispararse en sus mentes y su situación actual se basa en simples suposiciones. No ha habido ninguna comunicación profunda y sincera. En cambio, el ego y el orgullo tienen el control de la situación para tratar de salvarlos de ser heridos. Tom y María se convierten en actores que interpretan el papel que su subconsciente escribe para ellos.

Tom y María padecen de la PreAct (predisposición de actitud). Tom tiene padres muy ancianos y nació en una casa con poca comunicación. La paciencia fue uno de los principales valores que le inculcaron. Además de definirle que la confianza y el amor se basan en un comportamiento constante y coherente con el tiempo. Por otro lado, los padres de María son una pareja de jóvenes que piensan y hablan de la actitud de enfrentar las situaciones y han programado a María en el tema de no perder el tiempo en situaciones críticas y seguir adelante. Frases como "las oportunidades solo se presentan una vez en la vida", "sino aprovechas el momento lo pierdes todo"…. Fueron codificadas en la mente de María siendo estos patrones los que se deben tomar para formar un hogar y una familia, y ella cree que cuando una persona tiene dudas y no es arriesgada es síntoma de que esa persona miente y engaña, y por eso ella debe tener cuidado de no ser engañada.

Tal vez Tom y María podrían ser una pareja perfecta y más aún pueden ser almas gemelas, pero el sabotaje del subconsciente ganó la batalla y puede seguir controlándolos en cualquier nueva relación que María y Tom puedan tener con otras personas.

Puede ser fácil para nosotros, detectar los problemas en esta historia e incluso podríamos escribir una lista de algunas soluciones. Pero nosotros perdemos esa objetividad y claridad cuando se trata de nuestras propias vidas, por lo que requiere una cuidadosa reflexión de nosotros mismos. Utilizando los ejercicios que aparecen más adelante acerca de "¿Quién soy yo?" podrás identificar los valores, características y elementos de programación que posee nuestro subconsciente y este puede trabajar en tu contra si tú no estás consciente de ellos.

El punto importante aquí es que no saltes a una búsqueda activa de tu pareja con una hoja y un lápiz en la mano, haciendo marcas de aprobación y rechazo a la lista de características que tienes sobre la persona que buscas. El secreto de este proceso es que utilices esta metodología para tu auto-evaluación y cuando realmente internalices tu situación, es entonces cuando construyes tu lista de deseos. Una vez que realizas la lista, emocionalmente ésta se conecta con tu subconsciente y tus creencias, es decir tu fe, en ese momento todo puede pasar. De hecho, permite que las personas se te acerquen, verás como tu poder de atracción se incrementa y de forma confiada el universo comienza a mover las energías y comienza a preparar las diferentes situaciones para entregarte a tu alma gemela. Tenemos que creer que una vez que comenzamos este proceso realmente hemos concebido nuestra relación, y entonces será sólo cuestión de tiempo para cuando aparezca.

Si dejamos que la ansiedad asuma el control, entonces el miedo aparece y el miedo es evidencia de que no confiamos en nosotros mismos y perdemos la fe. Pronto nuestros pensamientos y acciones estarán en contradicción. Esta contradicción es el plato favorita de el sabotaje.

Logrando encontrar pareja

Bueno, después de todas estas "incompatibilidades", puedes estar preocupado pensando que perdiste la oportunidad en el pasado con alguna pareja que podría ser tu ÚNICA alma gemela. En primer lugar, es importante seguir el proceso tal como se documenta en este libro, porque aquí te iremos dando las herramientas para que tu subconsciente y tu consciente comiencen a visualizar, creer y sentir lo que realmente estás buscando en una relación. Una vez que estés seguro y creas en ti mismo, en lo que quieres, y lo que esperas en una relación y hayas realizado tu lista única como te indicaremos en los próximos capítulos, entonces estarás listo para tomar acción. Nosotros te guiaremos desde los pasos lógicos, estructurados y científicos con la magia que hace mover las energías del universo, pues mientras tú seas un ser más consciente, comenzarás a ver más milagros en tu vida.

Tú no vas a dejar de compartir y reunirte con otras personas porque no se ajustan a tu lista. Sabemos que la activación de este profundo proceso de atraer a tu alma gemela es una actividad importante en donde tú estarás preparado con un sentido de seguridad, compromiso y determinación en tu misión. Ten cuidado, pueden haber fuerzas de la naturaleza y del destino que pueden actuar en tu contra, ¿cómo entonces puedes tomar el control de tu destino? No te distraigas de tu meta, usa tus seis sentidos y asegúrate de disfrutar el camino.

La primera cita puede ser muy reveladora, pero esto es otro secreto. A veces necesitamos una segunda cita para conocer más a la otra persona. La gente está nerviosa durante la primera cita. (¡No eres tú solamente!) Ambas personas se están adaptando - tal vez tú has hablado en línea y por teléfono, y puedes tener una imagen mental de alguien que quizás no se acerca a la imagen en persona. Eso está bien. Lo que sucede ahora es que tienes otra actitud para conocer una nueva persona. Date a tí mismo más de una cita o reunión de café. No debes etiquetar a la persona necesariamente en base a una primera cita. Pero al mismo tiempo, si no se ajusta a tu lista, tú lo sabrás y debes seguir adelante.

Alicia se encontró con esta situación hace unos años. Había pasado por una mala experiencia de pareja y quería tener cuidado en esta ocasión. Ella quería conocer a un hombre diferente ya que no quería saltar de relación en relación (esto es realmente inteligente, y es una manera de mirar a las personas que responden a tu lista). Un hombre llamado David parecía interesante, pero no lo conocía en persona, pues durante un tiempo ellos intercambiaban comunicación en línea, pero ella no se sentía completamente atraída hacia él. Sin embargo, resultó que ella estaba libre una noche, cuando él le preguntó si a ella le gustaría salir. Ella accedió a reunirse en un restaurante popular para unos tragos, y posiblemente cenar.

Cuando salió de su coche, vio a David caminar a su encuentro con una sonrisa amplia, acogedora y elegante. Pasaron varias horas hablando de literatura, de gente, y todos sus temas favoritos, que resultaron ser sus pasiones y aficiones también. Cenaron y se fueron a ver una película. Desde el principio, descubrieron que podían comunicarse excepcionalmente bien. Ella había estado buscando a alguien que la escuchara activamente y que pudiera compartir diversos temas. Alicia podría haberse alejado del amor de su vida, si ella lo hubiese rechazado desde un comienzo. También recordó que se había conectado muy bien con otros hombres en línea y por teléfono... pero resultaron ser completamente diferentes a lo que ella buscaba. Uno desapareció misteriosamente durante varios días, otro tenía todo tipo de problemas con el tiempo por lo que no podía poner mucho en una relación, y otro era muy celoso y controlador.

Recuerda que algunas personas dicen lo que ellos piensan que los demás quieren oír en lugar de decir cómo se sienten realmente, por lo que puede llevarnos un poco más de tiempo el saber si coinciden. Asegúrate que utilizas la comunicación empática con una escucha activa, para ayudar a crear un flujo más libre en tu diálogo siendo auténtico desde el principio. El objetivo principal de toda buena relación es entender y buscar ser entendido.

Después de una larga reflexión, Alicia se dio cuenta que había llegado a un punto en el que ella misma se conocía bien y había aclarado sus metas en la vida. A través de la experiencia, se enteró de qué tipo de relaciones no funcionan para ella. David era una persona divertida que había vivido también algunas experiencias difíciles, pero desarrolló una filosofía donde el elegia ser feliz. Él sabía que quería encontrar a alguien que disfrutara de la vida con él, y no esperar a nadie para luego ser feliz. Él quería tener éxito en la vida y en las relaciones de pareja. Alicia y David se conocieron, y ellos sabían lo que estaban buscando en una relación, y compartieron una comunicación franca y honesta. Ellos utilizaron algunos de los secretos contenidos en este libro para lograr una relación de éxito.

A veces puede ser que apenas conoces a alguien en la primera cita e inmediatamente piensas que no es adecuado para ti, pero recuerda que nosotros hacemos todo tipo de supuestos a los pocos segundos de conocer a alguien. Algunos de tus supuestos podrían estar equivocados, y podrías estar perdiendo a tu alma gemela. ¡Puede valer la pena una segunda cita! Conocer a la persona un poco más, y creer en tu lista, que por arte de magia junto con tu subconsciente harán el trabajo por ti.

El secreto de este libro está en no enfocarte en el exterior de tu alma gemela. Se trata de:

1. La auto-observación

a. Encontrar nuestro verdadero ser.

b. Encontrar lo que nos gustaría ser.

c. Definir lo que quieres en una relación.

2. Crear la lista que queremos de nuestra alma gemela

a. Detallar la misma esencia que nos complementa.

b. Usar nuestra intuición creativa para crear pistas.

c. Pensar y actuar acorde con lo que queremos.

3. Internaliza y concéntrate en tu lista

a. Permitir que nuestro subconsciente trabaje para nosotros.

b. Filtrar automáticamente los estímulos externos y el ruido.

c. Neutralizar las contradicciones de nuestra observación.

Puedes creer que son muchos elementos que debes establecer, pero si te mantienes enfocado en estos 3 puntos e internalizas el significado de cada uno de ellos como parte de tu día a día, verás como el proceso funcionará. Es un proceso de mejora continua, donde hay indicadores que nos alertan cuando nos salimos del proceso, esto lo veremos más a detalle en los próximos capítulos. Por favor, visita 90daysoulmate.com donde las actualizaciones e información adicional están disponibles para tu constante avance.

Espero te sientas emocionado, porque tengo la certeza ¡Qué todo lo bueno se avecina!

Notas

Capítulo 5: Mirándote en El Espejo

A veces, una primera cita puede convertirse en una perfecta relación de pareja. Entonces, ¿qué pasa con los dramas de las no coincidencias? Si tú has tenido que pasar por varias citas, sin duda habrás vivido pequeños o grandes malentendidos de las otras personas, declaraciones falsas y hasta ilusiones rotas. Es tan fácil de proyectar cualidades en una persona, a veces sentimos que parecía encajar en un primer momento. Cuando las personas se encuentran, a menudo pasan por alto las diferencias o las llamadas banderas rojas, porque todos lo que realmente quieren es que funcione la relación. Otras veces, dos personas se conocen y se llevan bien, tienen una serie de cosas en común, y comienzan una relación, pero, lamentablemente, esto no se trata de conseguir simplemente a alguien, se trata de encontrar tu alma gemela.

¿Qué pasa si tú te ahorras el vivir relaciones que no son las correctas? Eso es lo que trata este libro. Si comienzas por conocerte a tí mismo, sabrás lo que estás buscando.

Piensa en ti como si fueses una pieza de un rompecabezas. Hay otra pieza que encaja perfectamente contigo. Si no entiendes quién eres, nunca podrías ser capaz de definir tu "alma gemela perfecta", e incluso no podrás reconocer y mucho menos encontrar a esa persona perfecta para ti, ¡pero esa pieza puede que no encaje contigo en todo! Recuerda, no hay personas perfectas. ¡Hay parejas perfectas!

El espejo de tu historia

Todo el mundo entra en una relación con un libro bajo el brazo, lleno de su historia personal. En cierta medida, nuestra historia nos hace quienes somos. ¿Cómo nos criaron nuestros padres? Tal vez nuestra familia fue sólo uno de los padres, un abuelo u otra situación. ¿Cómo fue nuestra infancia? ¿Qué creencias nos inculcaron durante nuestra infancia que luego hacen nuestra propia vida? Algunos de estos factores puede ser motivo de ruptura en una relación nueva.

Aún cuando todos estos factores influyen en gran medida en nosotros, siempre podemos tomar decisiones acerca de cómo nuestra historia nos afecta. ¿Aceptamos el legado de nuestra familia? Algunas personas dicen, "Así es como mi familia lo hizo, y así yo lo seguiré haciendo." Otros por el contrario dicen: "¡Mi familia lo hizo de tal o cual manera, y yo nunca voy a actuar de esa misma forma!"

Nosotros también cargamos bajo el brazo el libro sobre historias de adultos: nuestras relaciones, tal vez un matrimonio pasado, cuando fuimos padres o madres y de cómo hemos vivido y enfrentado nuestra vida. Todo esto entra en juego cuando nos encontramos con potenciales parejas. La comprensión de tu historia te ayuda a reconocer "cómo fue" si es lo que quieres, y por qué lo quieres. O tal vez quieres entender por qué necesitas algo diferente.

La historia es importante reseña para el análisis, pero debes entender que la historia no puede cambiar, tenemos que conocerla para comprender, asimilar y determinar si podemos vivir con ella. Para determinar qué partes de esa historia de la otra persona tú crees que no puedes vivir o aceptar, es importante revisar lo que tú quieres, y es importante que escribamos sobre nosotros mismos. Queremos tener un patrón claro de lo que realmente queremos para que podamos discernir si se debe continuar con esa persona o no.

Nuestro corazón y alma pasan a través de muchos cambios a lo largo de nuestra vida, se transforman, ya sea con las experiencias accidentales o intencionadas y nosotros reflejamos esa transformación en nuestras acciones y actitudes.

Cuando digo que cada persona tiene una historia bajo el brazo, me refiero a que cada persona tiene su cúmulo de experiencia, y tengo que entender que eso no se puede cambiar, y aquí lo más importante a considerar es la actitud que tiene esa persona en la actualidad o tu propia actitud de aceptación y compresión de la historia. Para así poder determinar el comienzo de tu nueva historia junto a esa persona.

Hablar de la historia que vivió cada uno es un paso importante, en el cual tú debe tener cuidado, pero hay gente que dice: "No me importa tu pasado, yo no quiero conocerlo y sólo quiero empezar una nueva vida", esto puede ser bueno en cierto modo. Pues la idea es que no arrastres vicios del pasado a nuevas relaciones, pero es necesario saber lo que ha sucedido en el pasado de esa persona, es importante hacer referencia con quién están interactuando y lo que sucedió en sus relaciones anteriores.

La energía 50/50

En el proceso de construcción de una nueva relación se pueden tener tropiezos. Pueden haber hechos, que creemos no saber cómo manejarlos. Pero nada sucede por accidente. Cuando dos personas cargadas de energía comienzan a compartir e interactuar en conjunto pueden pasar muchas cosas. Recuerda que las cosas que ocurren no son aleatorias. Los obstáculos y desafíos, las oportunidades y las amenazas, dependen del resultado de cómo las dos personas interactuan con su entorno en base a su historia pasada, cómo cada uno está conectado a reaccionar, y cómo sus energías se combinan en la nueva relación.

Tú tienes una energía única sobre ti mismo que genera la fuerza, la emoción, y es el motor que irradia tu personalidad y tu ser interior hacia el medio ambiente. Cuando dos personas se unen, sus energías tocan juntas como instrumentos en una orquesta donde cada persona emite diferentes notas musicales que fluyen de sus instrumentos. Entonces una nueva melodía se crea sobre la base de energías armónicas individuales. La combinación de los dos produce una nueva tercera energía donde cada uno es responsable de la mitad. A veces la energía que está fuera de tono, se disipa en algunas áreas, o se adaptan perfectamente, elevándose a un nuevo nivel en un tono maravilloso, con el poder de una sinfonía ejecutada por diestros musicos.

Debido a que nuestras energías se mezclan para crear cada situación, debes aceptar la responsabilidad del 50% de cualquiera reacción de la otra persona en tu relación. En el momento que te das cuenta que la otra persona actúa como tu espejo, o cuando entiendas que somos co-creadores del evento, y que somos provocadores de acciones y reacciones, entonces en ese momento podrás obtener una visión de gran alcance y serás capaz de demostrar comprensión y compasión de cualquier situación que se presente en tu relación de pareja.

Nosotros reaccionamos de forma diferente con diferentes personas, y eso no quiere decir que cambiamos nuestra forma de ser, lo que cambia es nuestra energía en determinadas situaciones.

Cómo interactúas con los demás depende de quién es el otro. Por ejemplo cuando te ves obligado a hablar con una ex pareja, de inmediato puedes sentir un sabor amargo en la boca y te conviertes en frío, brusco y cortado en tu conversación. Sin embargo, un minuto después de esa conversación aparece un nuevo prospecto de pareja y se te escucha una voz con un tono cordial, amable, y melódico. Unas personas te quitan energía, y otras te pueden cargar las baterías. Sentirás la diferencia inmediatamente. Es como si alguien accionó un interruptor de la luz encendido/apagado.

El objetivo es estar presente para observar tu comunicación. Darte cuenta de tu papel en la responsabilidad de crear los eventos emocionales que puedas tener. Y por último, entender el poder que tienes para elegir activamente tu reacción en una situación dada.

Si miras a tu alrededor en las fases iniciales de las relaciones, es posible que notes que una persona está más comprometida que la otra. Tal vez una de las personas se siente atraída más que la otra. Cuando sólo una persona está verdaderamente interesada en encontrar una relación duradera, y la otra no, es muy difícil llevar a cabo una relación estable con un final feliz.

Por supuesto, cuando estás emocionado con una nueva persona, a veces es difícil notar si el otro está tan interesado como tú. Puede ser que la otra persona sea de esas que dejan pasar el tiempo a ver qué sucede, pero ni ellos mismos saben lo que quieren. A veces, en el fondo, ya tu sabes o sientes esa sensación de que algo no anda bien... Otras veces, puedes notar algunas señales de advertencia, tales como:

- Tú eres el que llama con más frecuencia.
- Ellos ignoran tus llamadas, y solo se comunican por texto.
- No pueden ir a una cita en la noche, pero luego te llaman a altas horas de la noche.

A veces una conversación honesta y compasiva puede sacar a relucir la verdad. Es preferible enfrentar la verdad y decidir en conjunto una alternativa para seguir adelante. Tal vez la situación no es lo que piensas y ha habido buenas razones para su comportamiento. Sólo recuerda, la honestidad por encima de todo. E igualmente importante, asumir la responsabilidad de la situación a medida que has desempeñado tu papel en tu co-creación.

El espejo de tu alma

Una clave importante para reconocer a tu alma gemela, es que encuentres en esa persona la capacidad de disfrutar de la vida juntos y que ambos puedan crecer. Algunas personas te dan consejos que busques a alguien con tus mismos objetivos. Este es un buen consejo, pero más que eso, tienes que encontrar a alguien con quien puedas establecer metas en conjunto. Tú quieres encontrar un alma gemela que quiera ir en la misma dirección, no como tú, pero si contigo.

Lo que pasa es que el alma es un reflejo de lo que somos, y eso es lo que atrae a nuestra alma gemela, cuando esa persona se ha mirado en el espejo de nuestra alma. Es cuando encontramos a esa persona especial, hay un elemento que atrae más que cualquier otro. Yo lo llamo el enganche, la conexión que haces cuando el subconsciente se da cuenta que la relación puede funcionar.

Sé consciente de los sentimientos, actitudes y acciones que reflejas en tu alma. Entonces así podrás compartir ese auténtico "traje" para atraer a tu alma gemela.

Debes entender que esa persona delante de ti es tu espejo, y ella te hace reflexionar sobre lo que realmente eres. Sabemos que es tu responsabilidad el crecer espiritualmente, pero cuando entra en tu vida tu alma gemela, ésta te ayuda a crecer más rápido. ¡Ahí es donde la energía se multiplica, ahí es donde nace la sinergia, es cuando la suma de dos almas en sincronía tiene el poder maravilloso de lograr lo que creíamos imposible.

Notas

Capítulo 6: La Hora del Cambio

¡Bienvenido al proceso de cambio y de creación! Si tú estás buscando obtener resultados distintos, no continúes haciendo lo mismo. Si tú realmente deseas algo, pero sientes que está fuera de tu alcance, no le dejes toda la responsabilidad al destino. ¡Es hora de cambiar! Actualmente tienes en tus manos una de las herramientas este libro, lo demás queda de tu parte, el "poder" de tomar las decisiones correctas, y el "poder" para empezar a actuar.

No podemos seguir con las mismas actitudes y acciones que hemos tenido en el pasado, y uno de los elementos principales son tus creencias, en quién y qué pensamos que somos. Muchas de nuestras creencias están asociadas a lo que conocemos y hemos vivido, cuando nos dicen algo distinto que no conocemos entonces dudamos o simplemente no creemos. Por ejemplo si te pregunto que, si lanzas una pelota al suelo esta cae? Posiblemente tu respuesta será afirmativa y si te cambio el tamaño de la pelota por una más pequeña y vuelvo a preguntar me dirás que también cae… y me responderás que no podemos luchar contra la gravedad. Sin embargo, cuando nos enteramos de cómo funciona la ley de la gravedad, podemos llenar la pelota con helio y esta no caerá y comenzará a flotar en el aire.

El desarrollo de tus creencias, debe basarse en la ciencia y lo que es posible. Tu confianza en tí mismo, tu capacidad de cambio y tu compromiso con tus verdaderos valores y habilidades te permitirán activar el proceso de transformación.

Y, en la medida en que yo creo en mí mismo, en mi capacidad para descubrir un nuevo concepto sobre mí, en mi poder de actuar sobre mi subconsciente y mi poder de lograr

76

transformarme, entonces las demás personas podrán creer en mí. Esta nueva creencia acerca de ti es el helio en la pelota. Es lo que lleva tu alma hacia el universo y atraerá a tu alma gemela. Funciona dentro de los límites de las leyes espirituales de la naturaleza, alineado con el universo, y no en su contra.

A medida que tu propio ser se llena de claridad, determinación y está focalizado. Este se va convirtiendo en un espíritu diferente desde dentro hacia fuera. Cuando realmente te conoces a ti mismo entonces los otros pueden conocer tu verdadero ser. En tus manos está la decisión, permítele a tu mente creer en una teoría diferente, en creer en algo, has escuchado la frase que dice: "El poder de un pensamiento", ¡cuando varias personas comienzan a creer en algo y eso se da! ¿Es un milagro? ¿Será el estudio profundo de una teoría aplicada, será la capacidad de co-creación?… aquí te lo dejo.

De vez en cuando como un ejercicio de auto-desarrollo, les pido a mis hijos que piensen en lo que quieren ser cuando sean adultos. Ellos identifican un par de opciones y hablamos de estas profesiones como una realidad potencial describiendo sus fortalezas y debilidades. Me dejo llevar en la conversación como si eso fuera ya una realidad y hasta hablamos de determinadas acciones y disciplinas que debemos desarrollar a partir de mañana para una actividad que posiblemente se comience a hacer realidad en unos 4 a 5 años. El objetivo de este ejercicio es que ellos se centren en las ideas con el fin de darle paso en sus mentes, es abrir puertas en sus subconscientes para que comiencen a crear.

Normalmente salimos a una librería y compramos unos cuantos libros sobre los temas apropiados para sus edades, para que puedan explorar y aprender más sobre esa profesión. A medida que digieren la información, si esta encaja con las creencias de su esencia, entonces asimilan el concepto y van auto transformándose cuando se están acercando a su objetivo. Ellos se disfrazan del personaje que desean ser y se imaginan que participan en la actividad que les interesa en su cotidianidad. Están cruzando el puente desde donde están, hasta donde quieren llegar.

Ahora bien si trasladamos esa idea a tu búsqueda de tu nueva pareja, puede comenzar a generar conexiones en tu cerebro, esa información está almacenada en una parte de ti. Nuevas palabras, frases, imágenes y conceptos se funden con los procesos del pensamiento antiguo. Tu cerebro es, literalmente, reprogramado y aparecen nuevas sinapsis en respuesta a tus intereses y deseos.

No diría que esto es magia, pero sin embargo este método tienen la misma potencia en cualquier etapa de tu vida para ir desde donde estás hasta donde quieres ir. Todo lo que tienes que hacer es dar el primer paso - saber dónde estás en estos momentos de tu vida.

Para creer en ti mismo y en tu capacidad para cambiar, debes reconocer tus valores y habilidades pues estos son los activadores de este proceso. Otros podran sentir y percibir lo que tú crees sobre ti mismo y podrán observar tu poder de actuar y tu poder de transformar.

Amigo, si estás realmente dispuesto a reunirte con tu compañero del alma, hay que creer en este proceso. Te estoy brindando los secretos de mi experiencia en este libro. Estoy resumiendo los principios básicos y los secretos subyacentes de más de un centenar de libros de autoayuda, cursos, talleres de capacitación, y más de 14 años de experiencia y crecimiento personal en la búsqueda de mi alma gemela. Aquí puedes encontrar pasos sencillos, las técnicas y los ingredientes necesarios para encontrar tu alma gemela.

Sintonizándonos...

Es fácil quedar atrapado en la rutina diaria donde los estímulos externos y otros distractores ocupan nuestro espacio cerebral. Nosotros nos instalamos frente al televisor sólo para llenar el espacio vacío, buscamos en Internet las últimas noticias o en correo electrónico y nos sumergimos en la lectura de los mensajes reenviados. ¡Considera la cantidad de tiempo que dedicas a leer los chistes y las actualizaciones de estado de tus amigos en las redes sociales!

Rara vez nos tomamos el tiempo para escucharnos a nosotros mismos y a nuestros pensamientos. Debemos invertir tiempo en nosotros. Tenemos que detener el ruido y la estática, así como los incontrolables mensajes externos con el fin de despejar el camino para escuchar nuestros pensamientos sin interrupción.

Una conexión de calma con tu mente es inestimablemente importante para los procesos de auto-desarrollo. A medida que avanzamos en el descubrimiento de nosotros mismos, necesitamos un enfoque similar a un rayo láser en nuestros pensamientos y sentimientos. Es hora de escuchar a la guía más útil que tienes– tú mismo.

Para hacer este ejercicio primero que hay que estar tranquilo y relajado, sin distracciones. Encontrar algo de tiempo cuando estés solo en tu casa. Apaga el teléfono, el televisor, la radio y la computadora. Siéntate en un lugar cómodo donde puedas pensar sin ser interrumpido. Sé honesto contigo mismo a medida que escribes cada uno de tus pensamientos, y describe en detalle cada una de tus emociones.

Piensa acerca de tu personalidad, carácter, habilidades, fortalezas y debilidades. Escribe tus creencias, tradiciones culturales y familiares, los valores personales y tus hábitos. Sé tan específico como puedas, ya que cada detalle es importante. El cuadro de la página siguiente contiene algunos ejemplos de referencia que te ayudarán en tu auto-observación y la introspección. La idea principal es construir una visión detallada de ti mismo utilizando los criterios que sientes profundamente y que son los más importantes para ti.

Referencia para el próximo ejercicio

AREA DE AUTO-OBSERVACION	INTROSPECCIÓN (Ideas para ayudar a construir)
FE Y CREENCIAS	Que religión tienes, cuáles son tus creencias, perteneces a grupos, tipos de orientación.
VALORES	Integridad, confianza, respeto, responsabilidad autoridad, libertad de elegir, protección.
FAMILIA Y CULTURA	Importancia cultural, la interacción, la adhesión, aceptación.
SOCIEDAD Y COMUNIDAD	Grupos, Asociaciones, Reuniones, Vecinos.
SALUD Y CUIDADO	Ejercicio de salud, gimnasio, medicina, dieta, alimentación, costumbres.
HIGIENE Y APARIENCIA	Modas, estilos, cabello, hábitos.
FINANZAS Y DINERO	Ahorro de dinero, inversiones, comprador impulsivo, avaro, generoso, gastador, derrochador.
PROFESIÓN Y OCUPACIÓN	Profesional universitario, técnico, estudiante, ama de casa, empresario, independiente.
RELACIONES PERSONALES Y COMPORTAMIENTO	El comportamiento con el socio o compañero de trabajo, si eres líder, seguidor, te gusta trabajar en equipo, trabajar solo.
RELACIONES EMOCIONALES	Dominante, fuerte, agresivo, maduro, lógico, impulsivo, emocional, alegre, callado, sumiso.
ESTILO DE COMUNICACIÓN	Directa, pasiva, introvertida, extrovertida, no te gusta confrontar, superficial, profunda.
ACTITUD E INTERACCION	Positivo, proactivo, negativo, realista, conflictivo, negociador.
PROCESO MENTAL	Lógico, analítico, creativo, detallista, visión global, soñador, imaginativo.
HOBBIES Y ACTIVIDADES	Lectura, música, arte, juegos, teatro, deportes, clubes, tecnología, equipo.
METAS Y DESAFÍOS	Futuro, planes, objetivos, sueños, compromisos.
CARACTER PERSONALIDAD	Imagen de la personalidad, capacidades, conducta, fiabilidad, divertido, serio, conversador, tranquilo.
POLÍTICA	Democrático, liberal, conservador, independiente, otros.

Ejercicio # 1: ¿Quién Soy Yo y Qué Quiero?

Busca un lugar donde nadie te interrumpa y utiliza lápiz y papel. Puedes usar tu computadora, pero el uso de las hojas de este libro te pueden dar una forma más privada y personal para detallar tus pensamientos más íntimos. Además, tendrás fácil acceso a la tabla de ejemplos de las áreas básicas para ayudarte en tu análisis. Si trabajas sobre el libro, este te ayudará a mantenerte alejado de la tecnología y la conexión que constantemente te pueden interrumpir. Puedes tomar varias sesiones para ir a través de los ejercicios y luego a construir tu lista. Tómate tu tiempo con esta exploración.

Piensa con cuidado acerca de quién eres, y comienza a llenar las respuestas a las preguntas de abajo en la tabla de la página que sigue:

(1) ¿Quién soy yo?

En la columna vacía en primer lugar, describe en detalle tu personalidad, tu carácter, tus habilidades, fortalezas y debilidades. Sé muy específico y sincero acerca de quién eres en realidad, recuerda que es un documento que sólo lo vas a leer tu.

(2) ¿Qué es lo que realmente quiero?

En la columna vacía en segundo lugar, explica lo que quieres en la vida, lo que tu alma necesita y quieres hacer. Esto es lo que tu corazón te pide, y donde la mente quiere ir. Puedes cubrir todo el alcance de los problemas de la familia, tu vida profesional, los elementos sociales y la cultura y lo que quieres en tu relación. Sé muy claro y descriptivo. Escribe las primeras palabras que te vienen a la mente. Deja que tus pensamientos y palabras fluyan a través de ti. Esta es la clave para entender lo que realmente quieres en la vida.

AREA DE AUTO-OBSERVACION	DESCRIPCION "QUIEN SOY"	"QUE ES LO QUE REALMENTE QUIERO"
FE Y CREENCIAS		
VALORES		
FAMILIA Y CULTURA		
SOCIEDAD Y COMUNIDAD		
SALUD Y CUIDADO		
HIGIENE Y APARIENCIA		
FINANZAS Y DINERO		
PROFESION Y OCUPACION		
RELACIONES PERSONALES Y COMPORTAMIENTO		
RELACIONES EMOCIONALES		
ESTILO DE COMUNICACION		
ACTITUD E INTERACCION		
PROCESO MENTAL		
HOBBIES Y ACTIVIDADES		
METAS Y DESAFIOS		
CARACTER PERSONALIDAD		
POLITICA		

(3) ¿Lo que yo busco en una relación?

Describe la relación ideal que tú deseas. Comienza por describir la relación y la persona que con quien quieres estar en esa relación. Pensar en cómo te complementa, y como tú compartirás tu felicidad y tu vida con esa persona, en que usaran su tiempo cuando estén juntos. Estas preguntas y sus respuestas te darán las bases para los ejercicios siguientes. Piensa en los detalles que has proporcionado en tus respuestas a las dos primeras preguntas. Construye tu respuesta y ábrete a recibir a tu relación ideal como complemento a lo que eres y lo que quieres ser.

Respuestas sobre la relación que deseo:

Ejercicio # 2: La "Lista"

A través de mi historia, quiero que leas acerca de cómo yo (Lisett) desarrolle mi lista. Quiero compartir esta lista contigo. A continuación tú puedes usar las respuestas del Ejercicio # 1 como base para crear tu propia lista.

No pienses que tu lista tiene que ser como la mía. Solo quiero que visualices la forma como yo fui específica, y la manera como describí a la persona que buscaba en mi lista.

Ejemplo: Mi lista:

Te doy la bienvenida! Estoy preparada para recibirte y compartir contigo todas las cosas bellas y hermosas que tengo para ti, mucho amor, pasión, cariño, y comprensión. Deseo que seas:

1. *Alto*
2. *Blanco*
3. *Entre 38 y 48 años*
4. *Los ojos de color claro*
5. *El cuerpo atlético*
6. *Apasionado en el amor*
7. *Romántico*
8. *Inteligente*
9. *Financieramente más fuerte o igual a mí*
10. *Elegante*
11. *Buen sentido del humor*
12. *Alegre y feliz*
13. *Optimista y Realista*
14. *Buena comunicación*
15. *Una gran química sexual conmigo*
16. *Soltero o divorciado*
17. *Fiel*
18. *Que mantenga la palabra dada*

19. *Honestidad, autenticidad, integridad*

20. *Abra su sentimiento hacia mí sin misterios (no tiene miedo)*

21. *Que podamos reirnos juntos*

22. *Interesado en todo sobre mí, pero no celoso*

23. *Cuidadoso en lo personal*

24. *Amable y atento*

25. *Le guste bailar*

26. *Le guste la música*

27. *Compasivo*

28. *Balance entre lo intuitivo y lógico*

29. *De naturaleza enérgica, activo*

30. *Buen estado de salud*

31. *Le guste hacer ejercicio o actividades deportivas*

32. *Tenga tiempo para la relación*

33. *La paz en su ser y que maneje la situación sabiamente*

34. *Espiritual y muy sabio*

35. *Ser un maestro cuidar y aprender en armonía*

36. *Compartir una vida próspera y saludable*

37. *Puro de corazón*

38. *Que tenga grandes sueños y los pies en la tierra*

39. *Que me proteja emocionalmente*

40. *El nivel de educación similar al mío*

Yo, Lisett ofrezco para ti:

1. *Mucho Amor puro*

2. *Felicidad, alegría*

3. *Llena de pasión en el amor*

4. *Fidelidad*

5. *Entendimiento compasivo*

6. *Una buena comunicación*

7. *Paz, tranquilidad y armonía*

8. *Mantener mi cuerpo saludable y activo*

9. *Mantener los detalles de amor en la relación*

10. *Entusiasta y positiva*

11. *Trabajadora emprendedora*
12. *Espiritualmente elevada*
13. *Manejar juntos los problemas y conflictos*
14. *Elegante*
15. *Amistosa*
16. *Práctica*
17. *Hacerte reír y disfrutar mucho*
18. *Cuidado en el hogar*
19. *Cocinar comida deliciosa para ti*
20. *Hacerte más próspero económicamente*
21. *Acompañar y apoyar en tus decisiones*
22. *Defenderte como mi pareja*
23. *Estar contigo en cuerpo, mente y alma*
24. *Respetar tu espacio y tu silencio*
25. *Compartir tu hobbies o actividades*
26. *Intenso y profundo amor*
27. *Hacer locuras juntos, viajes, actividades inusuales*
28. *Permanecer juntos en lo bueno y en lo malo*
29. *Respetar los tratos*
30. *Cumplir las promesas*
31. *Honesta*
32. *Generosa*
33. *Proactiva e impulsadora*
34. *No tener celos, pero si estar muy pendiente de ti*
35. *Renovación constante de la relación*
36. *Hacer deporte juntos*
37. *Física y espiritualmente integrada para ti*
38. *Orgasmos intelectuales*
39. *Formar una familia armoniosa y amorosa (su familia y mi familia)*
40. *Juntos podemos ayudar a otros*

Pistas para encontrarte:

Nos reunimos en julio-agosto de 2010

Símbolos: Las mariposas, vehículo de color blanco o azul, camisa blanca o azul claro con enrollado en las mangas, Número 16, 161, su nombre contiene la letra A, que ame los temas sobre tecnología.

Preparación para encontrar tu alma gemela

¡Ahora es tu turno! Haz una lista de 40 características que describan tu alma gemela ideal y luego, realiza tu lista de 40 elementos de lo que vas a ofrecer a tu alma gemela. Usa tu intuición para imaginar i-clue™ (las pistas intuitivas) que te conectarán con tu alma gemela. ¡Pon todos tus sentidos para la elaboración y conecta tus emociones con las infinitas posibilidades del universo!

Utiliza las respuestas de anteriores ejercicios y las notas para el diseño de tu lista en este libro. ¡Prepárate para pasar la página, ahora es tu historia, es tu relación perfecta. Disfrútala!

Te doy la bienvenida! Tú eres mi alma gemela:

1	21
2	22
3	23
4	24
5	25
6	26
7	27
8	28
9	29
10	30
11	31
12	32
13	33
14	34
15	35
16	36
17	37
18	38
19	39
20	40

Y yo _____ **te ofrezco:**

1	21
2	22
3	23
4	24
5	25
6	26
7	27
8	28
9	29
10	30
11	31
12	32
13	33
14	34
15	35
16	36
17	37
18	38
19	39
20	40

Pistas para encontrarte (i-clues[TM]):

Rango de fechas: (para encontrarnos):

_____

Símbolos: (objeto, figura, color, animal, ciudad, etc)

_____

_____

Números:

_____

_____

Letras: (contenido en el nombre, dirección, lugares, etc)

_____

_____

La información debe ser internalizada y mágicamente funcionará en el mundo de los espíritus para cambiar su aura hacia el exterior. La lista funciona para ti desde dentro hacia fuera. Tu creencia en la ciencia crea tu realidad. Tú ya has hecho los pasos más importantes de todos. Felicitaciones y bienvenido al otro lado de la creación.

Ahora los próximos capítulos te llevaran a la acción…

Notas

Capítulo 7: La Ciencia de la Mente

Con sólo leer este libro has comenzado un camino para tomar el control de tu vida. Tú lo has decidido, estás listo para encontrar tu alma gemela, y de hecho ya distes los primeros pasos para hacer de esto una realidad. Te estarás preguntando cómo se puede cambiar por completo la dirección de tu vida. Todo comenzó cuando tomaste una decisión.

Es absolutamente cierto que somos lo que pensamos. Además de eso, cuando tenemos algunas ideas que involucran a nuestros seis sentidos (literalmente tu puedes tocar, saborear, escuchar, ver, oler y sentir en lo profundo de nuestra alma), entonces ese pensamiento posee una gran fuerza y energía. Esa energía que transforma el medio ambiente.

Un pensamiento o un comentario de otras personas puede afectar nuestras vidas y nos transforma. Tal vez puedes estar oyendo una historia trágica de una persona que puede ser conmovedora y al primer momento no te afecta tanto, pero si tú realmente conoces a la persona de la historia, allí puedes observar como un mensaje, un pensamiento, transforma tu sentir y tus emociones... O tal vez has escuchado un discurso sobre un tema que te impactó y que inmediatamente cambió tu opinión sobre un determinado asunto y físicamente te ves envuelto en el tema.

De la misma manera, nuestros pensamientos impactan y transforman nuestro entorno y a nosotros mismos. Puede ser tan simple como que estoy cansado de mirar mi jardín descuidado y creo que finalmente debe ser la hora de mejorarlo. Una revista ofrece algunas ideas interesantes, consejos de diseño, e instrucciones paso a paso. Puedo comprar herramientas, semillas de flores y diferentes plantas y pasar mi próximo par de fines de semana con entusiasmo, motivado y comprometido a fondo en mi tarea.

Durante un período corto de tiempo, las plantas comenzarán a tener una apariencia frondosa y espesa, cada vez más verde. El jardín adquiere un aspecto limpio, fresco y hermoso. Me siento bien con el cambio de imagen y mis vecinos me felicitan. Me tardo un par de horas a la semana para mantener el jardín en la mejor forma y me encuentro emocionado de invertir el tiempo necesario para mantener el jardín de mi casa. Yo ahora controlo mi jardín, y este forma parte de mi entorno. Y todo lo que se trataba era de tomar una decisión y ponerla en acción para cambiar el aspecto de mi propiedad y en consecuencia de cómo me siento cuando veo mi jardin.

El anterior fue un claro ejemplo de cómo nuestras decisiones afectan a nuestras acciones cotidianas. Muestra cómo podemos optar por crear algo bello de algo desorganizado. Al igual que el ambiente que nos rodea, podemos cultivar nuestras mentes de la misma manera. Todo lo que necesitas es una decisión y la inversión de energía para tu propio desarrollo.

Es increíble cómo la gente con su energía, los pensamientos y las palabras pueden transformar un ambiente. Cuando vemos a un grupo de personas en una casa de culto de cualquier religión nos encontramos con que algunas personas están mucho más conectadas que otros con las lecciones del orador. Esas personas experimentan extraordinarios sentimientos que agitan sus almas y puede hacerlos parecer a todos como uno solo, unidos y conectados con el universo. Cuando salen del culto, salen renovados y listos para continuar con su día en un estado diferente al que tenían cuando llegaron. Esta sensación de paz que sobrepasa todo entendimiento les hace querer volver otra vez la próxima semana para recuperar y recargar las energías perdidas durante la semana.

Algunas religiones pintan el cuadro donde el único creador es el que está en los cielos, que actúa independientemente de nosotros. Por otro lado, algunas filosofías dicen que el poder de la creación reside sólo en nuestro interior. La verdad es que puede haber mucho de ambos casos.

Todo lo que nosotros hacemos impacta entre nosotros y el universo como parte de esta conexión universal. Nuestra capacidad de impactar el medio ambiente y cambiarnos a nosotros mismos, es el poder de co-creación. El término co-creación viene de la conciencia de que no actuamos solos. El poder ilimitado del universo creativo es capaz de trabajar y de fluir a través de nosotros cuando estamos en armonía interna. Cuando nuestra mente, cuerpo y alma actúan juntos en sincronización con el universo, tenemos acceso a *recursos ilimitados* y esto funciona como una co-creación.

Plena conciencia de lo que somos, y lo que queremos es el primer paso en este proceso. Por supuesto, debemos entendernos a nosotros mismos, nuestros puntos fuertes y nuestros puntos débiles (lo que yo llamo "oportunidades de mejora"). Entonces cree fielmente en la mejora continua y en buscar aumentar las fortalezas y los valores.

Nuestro poder de co-crear es poderoso

Podemos evolucionar y ser mejores cada día, teniendo un plan, con propósitos claros y estableciendo una nueva visión de las cosas, una nueva visión de nuestra vida. Del mismo modo que físicamente entrenas tu cuerpo y fortaleces las piernas o los brazos, de esa misma manera podemos entrenar nuestra mente. Si requerimos una condición específica de nuestra mente, entonces trabajamos para lograrlo con disciplina, perseverancia y dedicación.

Recuerdo el caso de mi amigo, Erick, que estaba cerca de su segundo divorcio. Me dijo que estaba en búsqueda de respuestas a su situación, la razón por la cual ahora su segundo matrimonio estaba a punto de terminar en lo que él consideraba otro fracaso. Entonces hablamos de su infancia.

El había nacido en un hogar sin una figura paterna, y su madre era poco comunicativa. Ella no tenía las habilidades o conocimientos para enseñarle a Erick a entender su condición de familia. Él se mantuvo sin información acerca de lo que sucedió con su padre y nunca se habló de sus sentimientos acerca de eso. El se crió dentro de ese patrón de hogar con poca comunicación.

Todos los estímulos que experimentó desde entonces, y tal vez incluso antes de su nacimiento lo habían programado para sentir, pensar y actuar de cierta manera, más allá de su naturaleza instintiva. La más impactante, emocional y profunda programación que nosotros tenemos es la de nuestro hogar. Distintas personas que reciben los mismos programas, pueden almacenarlo, asociarlo, procesarlo y reaccionan de manera diferente, pero sin embargo, el subconsciente ya tiene esas instrucciones.

Como adulto, Erick se convirtió en un profesional de la educación y comenzó a leer acerca de la programación y la reprogramación de las personas. Inspirado, decidió establecer un plan para volver a reprogramar su vida, decidió cambiar los muchos códigos que estaban en su mente. El quería detectar la conducta irracional que estaba presente en los momentos críticos con su pareja, entonces, él fue capaz de identificar los programas maliciosos, uno por uno y estableció un nuevo programa en su mente, con nuevos pensamientos y nuevas acciones.

No fue una tarea fácil. El primer paso que dio Erick fue perdonar a su madre y su padre. Quizás este es un paso duro para muchos de nosotros. Muchas veces tenemos resentimiento, malestar y hasta incluso odio, en el subconsciente de las cosas que nuestros padres hicieron o dejaron de hacer. Somos duros críticos de nuestros ancestros.

Muchas personas, en algún nivel, tienen que trabajar con este tipo de ira. Recuerde que sus padres también tenían padres, y que podría haber pasado por las mismas situaciones o tal vez peores que las tuyas. Si ese es el caso, también podría ser cierto que ellos simplemente no tenían acceso a las herramientas adecuadas, no poseían las experiencias, la información para poder manejar la situación contigo y establecer una buena relación.

Cuando entiendes que tus padres también son humanos, que fueron programados en distintos ambientes, en distintas épocas, donde no existía la apertura de información como la hay ahora, entonces tu comprensión y entendimiento le abrirán la puerta al sentimiento de compasión y perdón. En muchos casos, los padres aman profundamente a sus hijos, pero se pueden equivocar como cualquier ser humano. Tu perdón te sanará a ti, para que puedas reprogramar tu vida, tu mente y tus sentimientos.

Erick perdonó a sus padres. Luego, con el amor verdadero y auténtico, empezó a observar sus acciones y conducta cotidianas en donde puso en práctica el dar amor. Sabía que el instrumento mejor y más simple era el amor. Sin amor, el odio, el rencor, el orgullo, la arrogancia, el desprecio, la hostilidad, el disgusto, la desconfianza y el miedo pueden echar raíces. Aprendió a controlar y activar una alarma interior que cuando él comenzaba a sentir esas emociones negativas entonces el activaba la auto observación y transformaba ese momento, ese sentimiento de nuevo en amor.

Fue una tarea ardua que no se logró en dos o tres días, pero Erick hizo que el matrimonio funcionara. Él ha estado casado por más de 20 años y muestra un resplandor de felicidad. Las personas que conocían a Erick por muchos años, dicen que ahora es un placer hablar con él y escuchar sus palabras de sabiduría.

Erick logró su transformación positiva a través de la reprogramación, y tú también puedes hacerlo. Sólo tienes que configurar el siguiente proceso, de cuatro pasos para la memoria:

1. **V** - Visualización

2. **C** - Creer

3. **S** - Sentir

4. **A** - Actuar

El proceso de reprogramación VCSA

El proceso VCSA ayuda a erradicar los viejos programas no deseados y a sustituirlos por valores auto-elegidos de programas preferidos. Al principio, estos nuevos patrones de pensamiento son rutas de acceso adicionales en el cerebro. Se convierten en una ruta de desviación de un estímulo a una respuesta diferente, a una respuesta nueva que tú elijes. Con el tiempo, con disciplina, perseverancia, pasión y dedicación (DPPD), el nuevo pensamiento, encuentra una ruta pavimentada en tu mente donde transita fácil y rápido en el proceso de transformación, mientras que la ruta de los viejos patrones se llena de maleza y tela de araña y con el transcurso del tiempo ésta desaparece.

Al igual que la corriente de agua debajo de la colina, los pensamientos toman el camino de menor resistencia. Por lo tanto, es importante definir con claridad cada nuevo camino, haciéndolo ancho y extenso en donde tu practiques fielmente el proceso de VCSA.

La **Visualización** es una de las técnicas más útiles para lograr los objetivos. Piense en un partido de fútbol donde se les informa a los jugadores que no pueden anotar goles. Los equipos se pasan el balón durante 90 minutos sin ninguna razón para jugar. Incluso conociendo todas las otras reglas del juego, siguen jugando, ellos no sienten la motivación, ni la razón para jugar, porque no podían ni siquiera intentar anotar. La vida tiene sus reglas aunque nosotros tengamos o no ninguna meta. Todos los días estamos en el juego, sería bueno pensar en tener una razón para jugar.

Si puedes visualizar lo que quieres y crear mentalmente la imagen, puedes empezar a trabajar en esa dirección. Mentalmente visualizar incluye determinar cuál es el objetivo que quieres, y junto con eso debes de sentirlo, escucharlo, olerlo, saborearlo, etc. Utiliza los seis sentidos en tu visualización.

Grandes estudiosos e investigadores han desarrollado ideas y luego las transforman en acción. Podemos lograr lo mismo, sólo si realmente creemos en nosotros mismos y sentimos lo que creemos. Cuando sólo entra un gramo de duda, el proceso de visualización comienza a distorsionarse y a menguarse para que tu idea original se vuelva más y más distante de la realidad.

Una técnica de visualización es la creación de escritos, dibujos y fotografías y colocarlas en lugares visibles para activar tus creencias y sentimientos. Como dicen, una imagen vale más que mil palabras. Por qué crees que en las iglesias y templos colocan estatuas de imágenes que son seres espirituales quizás sin forma o figura pero buscan representarlos en una imagen para ayudar a los miembros a centrar sus pensamientos y su atención. En muchos lugares de trabajo las organizaciones colocan logos, imágenes y mensajes para mantener la motivación de sus empleados, y desarrollan una misión y visión para que cada paso y actividad que la persona haga esté en la dirección de los objetivos de la organización. Es aún más potente cuando diseñas y creas las imágenes y los mensajes, basándolos en lo que quieres en la vida.

Recuerdo que hace diez años, yo había creado un mapa de visualización con varios aspectos de mi vida. Por ejemplo en el ámbito profesional, escribí las marcas y los logotipos de las empresas que quería que fueran mis clientes. Ahora, tres de estas empresas son clientes fieles a mi organización, con más de cinco años continuos trabajando juntos. También para ser mas específica busqué fotos en revistas y las coloque en mi mapa en situaciones como si estuvieran los clientes trabajando junto conmigo en estas empresas que yo deseaba, y no fue casualidad que me encontré con gente en las empresas que se parecían mucho a las fotos publicadas.

Creer es el siguiente paso. El poder de creer en algo es lo que me permite a mí que las cosas ocurran.

Antes de creer en algo, voy a creer en mí mismo, y en mi capacidad de co-creación.

Cuando creo en mis capacidades, mi propia fuerza, mi capacidad de mejorar, mi capacidad de transformar, mi habilidad para reprogramar la mente para lograr lo que he visualizado, entonces todo esto se hace realidad.

Creer está estrechamente relacionado con sentir y actuar: cuando creo más en algo, empiezo a sentir y mis acciones van en esa dirección. Si cuando voy a salir de casa respiro en el ambiente y siento la sensación de que va a llover a pesar de que miro al cielo y está brillante y despejado, pero mi intuición me dice que va a llover, así no esté viendo la evidencia, creo en mis instintos, tomo mi paraguas y salgo.

Si te gusta leer historias de éxito de empresas y celebridades, tu puedes haber notado un tema común. Tanta gente famosa persiguió su sueño contra viento y marea. Ellos sabían que lo iban a lograr. Muchas personas de negocios fracasan en varios negocios antes de lograr hacer su gran negocio de éxito. Muchos actores viven en la esperanza hasta que consiguen su primera oportunidad. El otro día escuchaba una entrevista de una exitosa cantante de música pop que decía: "Desde mis inicios sabía que YO era el ícono que cambiaría el estilo de la música pop a nivel mundial".

El **Sentir** es como la sensación de la lluvia, el olor y percibir la humedad. Es la experiencia. Así que siento lo que yo creo. Por ejemplo, cuando voy a dormir en mi cama. Comienzo a sentir la sensación de mi pareja conmigo. Es uno de los momentos más íntimos, cuando sientes que su cuerpo está junto al tuyo, oyes su respirar, tal vez hasta ronca ...jeje, tú respiras su aroma y sientes el calor de su cuerpo. Cuando haces esta práctica, y la focalizas es la mejor manera de activar y poner en marcha varios elementos de manera integral.

Cuando se activa la sensación, nuestro cuerpo comienza a generar una especial energía, y esa es la energía que refleja la pasión, la pasión por hacer las cosas, la pasión por cada gesto o acción que realices. Si salgo a la calle cada día con la pasión y la emoción emergiendo de mi cuerpo, esto va a hacer brillar mi aura, mis ojos y mi sonrisa. Se activa entonces una *revolución de emociones*. ¡Sólo ten cuidado, ya que puedes atraer a más de una persona! Pero ya tú eres capaz hacer una buena elección.

¡Actuar - Acción! ¿Qué es un pensamiento o una idea sin acción? Sin la acción vamos a perder todos los pasos anteriores. Este libro te proporciona técnicas para clarificar lo que quieres y te da consejos sobre cómo tomar medidas y hacer grandes cambios. Pero si tú te detienes allí, en realidad nada cambia, ¿verdad? Si aprendes y creces, pero tú nuevo ser, tú nuevo "yo" permanece dentro de ti mismo, el entorno no se va a enterar y te trataran como siempre lo han hecho.

Acción incluye el cambio de tu forma de pensar y encontrar la manera de conocer gente: desde un registro en un sitio de citas, hasta enrolarte en un nuevo deporte, asistir a cursos, conferencias o pertenecer a un club.

Pero más importante aún, esta en la acción de todos los días con el traje adecuado, la nueva programación, la visión, la pasión en cada una de tus acciones y el sentimiento de que la conexión está lista para el encuentro.

Notas

Capítulo 8: Los Fantasmas de Nuestros Antepasados

Cuando mis amigos me revelan sus historias de tensas relaciones de pareja, y yo los escucho hablar, inmediatamente pienso en lo que yo llamo los "fantasmas de nuestros ancestros o antepasados." Esta es la información que se ha descargado en nuestro ADN desde que fuimos concebidos, es la información que compartimos con nuestros padres, alimentado a través del estímulo que hemos recibido en el seno materno, y nos ha programado día tras día desde el momento en que nacimos. Son esos mensajes que recibimos de nuestros padres. Los mensajes que fueron deliberados o accidentales, verbal o físico, y consciente o subconsciente.

Muchos de nuestros fantasmas se activan cuando nosotros comenzamos a desarrollar una relación de pareja, en ese momento se nos activan los enganches, son esos vínculos que se encuentran dormidos en nuestro código interno. Mientras progresa y avanza la relación, empezamos a descubrir una serie de "nuevos" sentimientos, comportamientos y creencias, pero en realidad no todos pueden ser nuevos. Esas emociones fueron programadas desde el principio, y están allí esperando la rutina perfecta para emerger. ¿Por qué se desencadenan ahora? Porque la energía y el programa tuyo se conecta con la energía y el programa de la otra persona.

A veces empezamos a creer que la otra persona tiene un poder sobre nosotros, pero la realidad es que nuestro programa tiene el poder sobre nosotros. La interfaz de nuestro programa-nacimiento con nuestro programa-parejas pueden ser incompatibles. Esto no quiere decir que no podemos cambiar nuestros programas.

Jenny, quien creció en una familia como la más joven de tres hijos, no le gustaba discutir. Ella me dijo que estaba cansada de entrar en relaciones con hombres que siempre parecían querer empezar a discutir con ella sobre algo. Hablamos de su infancia para explorar algunos de sus fantasmas.

Resulta que ella creció en una familia con padres que argumentaban y criticaban con mucha frecuencia cualquier situación, pero también sus padres mantenían un gran apoyo el uno con el otro. Ellos constantemente les decían a los hijos que los amaban y los niños se sentían más queridos, después de una larga discusión, era un sentimiento contradictorio, tenso y lleno de reclamos, discusiones, críticas, con un final feliz de comprensión y amor. Sus padres tenían un profundo sentido de lógica y determinación, eran personas de carácter fuerte. Por lo general, los padres se sentaban a discutir con los niños y aparecia la controversia, la posición que cada uno tenía y luego la resolución. Jenny creció pensando que asi era cómo las familias se comunicaban, pero no, su consiente no quería saber nada de los reclamos y argumentos.

El problema es que Jenny internamente sentía que a pesar de que amaba a sus padres y que se crió en un hogar amoroso, las discusiones eran un trago amargo en su vida. Ella asociaba el amor con la apertura de argumentos o discusiones. Ella pensaba que ella quería un hombre con una personalidad fuerte como sus padres, pero que no cuestionara o argumentara.

Pasado el tiempo, un día, Jenny conoce a un hombre que no le gustaban las discusiones, críticas ni argumentos, ella pensó al principio que ese sería su pareja ideal pero al paso del tiempo ella no pudo crear el sentimiento de amor dentro de la relación. Después de un corto tiempo en la relación, ella ya no sentía esa chispa inicial y dio por finalizada la relación. Otras veces, Jenny sería atraída por un hombre con una fuerte personalidad que adoptara posiciones rígidas y ella sentiría profundamente una atracción por él. Pero después de varios meses, y después de unos pocos argumentos, discusiones y reproches, ya ella no podía soportar el dolor de esa relación. Si ella hubiese entendido su programa de atracción, podría haber reconocido el vínculo que genera tensión y conflicto de inmediato, cuando conoce a una persona, y así podría haber evitado la confusión entre la discordia y la compatibilidad.

Sin tensión en la comunicación, Jenny pensó que no había posibilidad de una relación de amor profunda. Sin embargo, una vez que ella entendió sus fantasmas, decidió buscar en otras áreas de compatibilidad. Ella se sumergió en el auto-análisis y pudo determinar docenas de otros criterios importantes para el desarrollo de una conexión en su relación de pareja.

Una relación nos puede transformar, a medida que se hace mas intima. Nuevas actitudes, acciones y palabras crean diferentes situaciones que ninguno de los dos controlan. Se trata de los fantasmas de nuestros antepasados que hablan a través de nosotros, y los programas que se ejecutan nos van llevando a perder contacto con nuestra propia alma.

Recuerdo cuando aconsejaba a una amiga, Elizabeth, ella me dijo que su esposo tenía un poder extraordinario sobre ella, y que ella no podía controlar sus propias decisiones. Elizabeth nació en un hogar con padres que creían firmemente en el matrimonio: de esos que dicen: "Hasta que la muerte nos separe". Así que incluso si no hay compasión o el amor en esa relación, deben permanecer unidos.

Elizabeth vive en un completo caos con su esposo José. El odio, el rechazo, el conflicto y la lucha ha sido la norma por más de 20 años. Le pregunté por qué ella continuaba viviendo con alguien que no amaba. Ella respondió con lágrimas en los ojos, "Cada vez que trato de separarme, una fuerza, un poder más grande que yo, me impide dar el salto".

Cuando yo le dije entonces: "trata de amarlo", ella concluyó, "Nosotros sabemos que no nos amamos y sólo siento lástima por él. Es realmente difícil, que ya adultos estemos solos por allí, tenemos que permanecer juntos hasta que la muerte nos separe".

Este programa fue grabado en su subconsciente. Hasta que Elizabeth y José entiendan su programación y hagan algo al respecto, no serán capaces de ser felices.

Incluso ahora, todavía siguen siendo los mismos. Elizabeth es mi amiga y le he ofrecido las herramientas y apoyo para ayudarla, sin embargo se ha negado a cambiar. Este es un paso importante y necesario para mejorar tu programa. Tú debes tomar una decisión real para el cambio, nadie puede hacerlo por ti. Debe ser un proceso consciente y sincero de cambiar lo que está sucediendo en tu situación. Elizabeth no quiere hacer ningún cambio, así que todo seguirá igual.

Al igual que Elizabeth, que no quiere tomar decisiones. Podemos preguntarnos: ¿Queremos seguir viviendo en un mundo oscurecido por las capas de información que fueron absorbidas durante nuestra educación? ¿Queremos seguir reaccionando inconscientemente y respondiendo de acuerdo a la programación de nuestros ancestros? ¿o verdaderamente queremos un renacimiento consciente de la persona que queremos ser?

Cuando una pareja comienza a construir una relación, el subconsciente trata de obtener un entorno similar al que existía después del nacimiento. Se espera que existan cualidades similares a la primera infancia, ya que en esa etapa fue cuando mayor información se registró. Cada uno de nosotros está buscando ciertas características de nuestros ancestros, porque eso es lo que nos hace sentir como en casa.

Cuando no estamos conscientes de eso, tendemos a ver a nuestra pareja, con todas sus virtudes y errores, a través de la lente de nuestra casa de la infancia. Y si la casa del subconsciente de nuestra pareja es muy diferente, ahí es donde empiezan nuestros conflictos.

Decodificación y reprogramación

Para decodificar y descifrar el programa que tienes establecido e identificar tu comportamiento, y los puntos de coincidencia y diferencia tuyo con respeto a tu pareja. Yo recomiendo hacer una lista de las diez características positivas y negativas de sus padres y lo mismo para sus madres. Si te criaste en una familia mono parental o la situación que vives es otra, entonces no dudes en utilizar las personas más cercanas a ti que actuaron como tus guardianes, que fueron tus modelos a seguir, y han impactado tu vida.

Recomiendo que si tienes una pareja, o cuando encuentres en un futuro tu pareja, que haga la misma lista y compare las características. Lo que se busca comparar son las características paternas de tu pareja con las paternas tuyas y las características maternas de tu pareja con las tuyas. El vínculo ideal es 50% o más de compatibilidad.

Si el porcentaje de compatibilidad es inferior al 50% entre los padres tuyos y los de tu pareja, o lo que quieres en una pareja, entonces es necesario abordar más a fondo. Si hay muchas diferencias significativas en las características, es importante comprender y decodificar la información. Lo ideal es determinar las diferencias que darían lugar a la crisis entre tu pareja y tú, estas diferencias deben ser consideradas para la reprogramación. Encontrarás una guía para este ejercicio al final del capítulo.

Recuerdo el caso de Patricia, que estaba completamente enamorada de su marido, Christian. Ellos mantuvieron una relación armoniosa hasta que su primer hijo nació. Ella sentía que la relación iba cambiando día a día, desde que estaba embarazada, y más aún cuando su hijo nació.

Christian estaba ausente la mayor parte del tiempo cuando Patricia estaba embarazada, y ella hasta llegó a pensar que no dormir juntos era una parte de estar embarazada, tratando de justificar la ausencia física y emocional de su esposo. Pero cuando nació su hijo, Christian no fue el marido que era antes. Ella estaba muy confundida y dolida, cuando me contó lo que estaba sucediendo.

Le sugerí que realizara el ejercicio de los padres de ambos. Cuando terminaron sus listas, ella descubrió que el padre biológico de Christian dejó a su madre cuando Christian nació, y como resultado Christian mantenía el odio y la amargura dentro de sí mismo. Su madre le había contado una historia de abandono muy cruel. Ella le dijo que no había sabido más nada de su verdadero padre, y la verdad fue un secreto celosamente guardado por la familia. La madre de Christian se había vuelto a casar y su padrastro se convirtió en el único padre que Christian había tenido en su programa de infancia. Él aprendió a despreciar a su padre biológico y respetar al único padre que conocía.

Cuando Christian completó el ejercicio de los padres, decidió enfrentar la verdad sobre el odio y el resentimiento que sentía hacia su padre natural y la gratitud que tenía para su padre adoptivo. Ahora él comprende que, cuando supo que iba a ser padre, emergieron esos sentimientos que estaban registrados en su código, y fueron la causa de su alejamiento hacia su esposa Patricia.

He visto muchos casos donde la programación de la infancia se introduce en una nueva relación. Por ejemplo en ocasiones, un hombre que tenía una madre dominante y celosa, esperaba de su pareja el mismo comportamiento. Con el tiempo el hombre comienzaba a crear situaciones para provocar la sospecha en su pareja de manera inconsciente de forma tal, de crear conflictos entre ellos. Su madre también se involucraba en el drama y entonces él se sentiría como en casa. El subconsciente le haría sentir como si estuviera en una relación real.

Por otra parte, si la pareja de ese hombre provenía de un ambiente similar donde su madre desconfiaba de los hombres, entonces se hace una fuerte conexión, aunque sea destructiva. Extrañamente, cuando un hombre crece bajo el comportamiento de una madre celosa y más tarde se encuentra con una pareja segura, tranquila y sin celos, él no va a encontrar interés en esa relación. No hay magnetismo psicológico para él.

Auto-honestidad

Steve es un hombre de éxito en su área profesional, un ejecutivo excelente y de alto nivel en una gran empresa internacional, es un empresario de desafíos. Él tiene una gran cultura, es muy inteligente, es excelente hijo y tiene dos hijas y tres divorcios. También a veces es impulsivo, muy ordenado, y tiene un carisma social que a todos les gusta.

Su grupo de amigos siempre se preguntaban: "Si Steve es atractivo, inteligente y exitoso, entonces ¿Qué es lo ocurre con sus relaciones de pareja? Steve se preguntaba lo mismo.

Algunos de ustedes pueden mirarse en el espejo y preguntarse algo similar: "Yo soy una persona con cultura y educación, inteligente, en buena forma para mi edad, y tengo un excelente trabajo, así que ¿Por qué se diluyen mis relaciones?" A veces, la seguridad, éxito, poder y cualidades de liderazgo toman una parte de nuestra personalidad y nos hacen sentir "perfectos". Este pensamiento nos lleva a creer, "Pero sí yo soy la persona perfecta para cualquier relación" y crea la arrogancia y el escepticismo dentro de tu ego que te limita a entrar en el proceso que yo llamo "la honestidad consigo mismo".

El Sr. Ego responde rápidamente y no necesita ninguna reflexión. Él es nuestra expresión externa y de manera inestimable interactúa con el mundo exterior. En el momento de honestidad contigo mismo, tú requieres de verdadera humildad para poder despojarte de todos los programas antiguos, las alabanzas, las experiencias por la edad, y las justificaciones de tus actos. La honestidad contigo mismo comienza en el momento en que le cierras la puerta al señor Ego y comienzas un diálogo real con tu ser interior, en el que reconoces tus fortalezas y debilidades.

Cuando Steve pasó por su proceso de honestidad consigo mismo, lo primero que surgió fue el miedo al fracaso, después de tantas relaciones de pareja fallidas. Pero en el proceso de reflexión, el ego se aparecía y le decía: "¿Cómo puedes tener miedo de algo que has vivido tantas veces?" Y era cierto que había sobrevivido a muchas relaciones, pero nunca había sido honesto consigo mismo.

El proceso de reflexión de Steve y la decodificación de su programa fue interesante porque a diferencia de Elizabeth, Steve tomó la decisión de cambiar su vida. Él tuvo que superar el orgullo y el ego que muchas veces se interpuso en el camino del progreso y bloqueaba el proceso de toma de conciencia. Cuando nuestro ego se apodera de nuestra conciencia y afirma que él tiene la razón, él sabe que no puede ser culpable de nada. Nuestro ego declara enfáticamente que nuestra pareja es culpable y responsable de todo lo malo que pasó.

Estos son los síntomas de la presencia del ego que aparece y reclama su propio terreno. Es importante que cuando estás en el proceso de auto-reflexión, escuches tu propio discurso. Presta especial atención cómo tú respondes cuando se te preguntó en algún momento por qué una relación de pareja tuya, del pasado falló. La respuesta rápida inmediata que tú puedes dar, puede ser la clave para descubrir el programa oculto que provoca tu comportamiento. La primera respuesta espontánea que brota sin pensar, es la que viene del estado del ego, ya que él, protegiéndonos, no permite que asumamos ninguna responsabilidad por nuestro papel en el fracaso. Cuando nos detenemos a reflexionar, entonces allí si podemos ver qué parte del juego nos está revelando el ego.

Tú puedes culpar de tu ruptura del pasado a tu pareja, porque no te aceptaba por lo que tú eres y quería cambiarte. Pero después de algún tiempo, es posible que también te des cuenta y te culpes a tí mismo de ocultar tu verdadero yo, durante las etapas iniciales de la relación. Tal vez tú estés consciente sobre algunos de tus comportamientos, intereses y aficiones, que utilizaste para atraer a tu pareja. Pero cuando te sentiste lo suficientemente cómodo en la relación, comenzaste a revelar tu singularidad, de repente te convertiste en una "persona diferente" a los ojos de tu pareja (volvistes a ser la rana de la historia pasada). Ahora la confianza y la honestidad se rompieron y nunca se pudo volver a recuperar.

Te invito a que seas auto-honesto, que realices la observación objetiva, que utilices la compasión con la otra persona y la compasión contigo mismo. Cuando no somos compasivos con nosotros mismos, tratando de comprender y descubrir las causas de nuestras acciones, no podemos ser compasivos con los demás.

Piensa en cualquier momento en el que tú te encontrabas en una situación de crisis. Tu actitud puede ser la de una persona que trata de resolver la situación a través de la armonía y el amor, dejando así un mejor ambiente en comparación como lo conseguiste. O bien, tú puedes actuar como un inquisidor, cuestionando con dureza y provocando las respuestas para encontrar culpables o inocentes de la situación, dejando un sabor amargo en la discusión y donde podemos ver al Señor Ego haciendo su mejor papel. El profundo amor nos permite eliminar nuestra crítica hacia los demás y nos ayuda a centrarnos en las soluciones que mantienen la relación estable y armónica. Podemos discutir cualquier tema sin herir, dañar o lastimar a nuestra pareja, enfocando nuestra visión en conseguir una solución beneficiosa para las partes y no dejándonos envolver por las oscuras emociones. Te lo repito la *práctica del amor y la compasión* es la mejor técnica.

Reconocer el amor en cada acción.

Cuando aprendemos a confirmar que cada acción, en su esencia, proviene del amor, es cuando nosotros ofrecemos un mapa, direcciones e instrucciones para el ego. El ego no es un enemigo, sino un socio que trabaja para nosotros, bajo la dirección pasiva del subconsciente, y bajo la participación activa de nuestra conciencia. Por lo tanto, la meta es que tomemos la decisión consciente de reprogramar el subconsciente para que dirija al ego a actuar en armonía con nuestra mente, cuerpo y alma.

Para iniciar el proceso de ser honesto contigo mismo, debes leer lo que escribiste en "¿Quién soy yo?" Tú puedes sorprenderte. Siempre hay algunas pistas que nos ayudan a reconocer el pequeño monstruo oculto que nos impide crecer.

Es mágico cuando cambiamos nuestra manera de pensar profundamente. Entonces cambia nuestra actitud y cambia nuestro medio ambiente. La puerta se abre para que tú puedas empezar a vivir relaciones más sanas. A desarrollar conexiones más armoniosas. Y atraer a tu alma gemela.

Mientras tenemos el ruido en el camino, de no estar seguros de quiénes somos, y no sabemos lo que realmente queremos, entonces vamos a seguir caminando por las mismas calles, con las mismas personas, y con los mismos problemas. Es hora de crear conciencia y aumentar el enfoque hacia las relaciones más auténticas y profundas.

Como seres humanos, somos seres complejos, pero dentro de esta complejidad, podemos aprender a entender nuestra programación y tenemos la capacidad de reprogramarnos para establecer relaciones saludables con nuestras parejas.

Somos un conjunto de varias cosas: tenemos un código genético, antecedentes familiares, una educación, una cultura y las creencias que nos hacen ser a cada uno diferente, con una personalidad y carácter determinado.

Hasta el momento con las herramientas que te hemos brindado ya tú puedes identificar cada una de tus emociones (códigos) que se activan y reaccionan de diferentes maneras cuando los mezclas con los códigos de tu pareja. Ya puedes decodificar los programas de tus antepasados para que puedas entender y transformarte a ti mismo. Además conoces como reprogramar mediante la auto observación objetiva, la compasión y el profundo amor. ¡Creo que ya eres otro!

Cuestionario sobre nuestros Ancestros

Prepara una lista como se muestra en el ejemplo siguiente, en donde vas a colocar diez características entre positivas y/o negativas de tus padres en los espacios en blanco. Si deseas evaluar esta lista con un compañero del pasado, presente o futuro, entonces también puedes completar la lista con los daros de tu pareja. En cualquiera de los casos, es un buen ejercicio pues si tienes la información de los padres de una antigua pareja eso te va a permitir crecer y aprender que fue lo que ocurrió allí, y así también puedes usarlas cuando comiences a salir con tu nueva pareja, ya que estás en un proceso de honestidad, seguro vas a compartir esta información con él o ella.

Revisa tus listas anteriores en los elementos de atracción y conflicto del capítulo 2 esto te ayudará a refrescar tu información y hacer conexión con tus ancestros. Ejemplo:

No.	Tu Padre	Tu Madre	Padre de tu pareja	Madre de tu pareja
1	Colaborador	Callada		
2	Activo	Reservada		
3	Rencoroso	Pasiva		
4	Estricto	Conciliadora		
5	Ordenado	Manipuladora		
6	Agresivo	Mentirosa		
7	Impulsivo	Analítica		
8	Hablador	Servicial		
9	Controlador	Elegante		
10	Triste	Conservadora		

Nota: Tu puedes llenar sólo tus padres y analizar lo que causó la crisis de los códigos en tus relaciones pasadas o si tienes toda la información entonces llena el cuadro completo y analiza las zonas comunes y las diferencias. Observa como puedes reprogramarte.

No.	**Decodificar** (Diferencias que activan la crisis de)	**Acción para Reprogramar**
1	Mentiroso	No todas las parejas son mentirosas, yo debo aprender a creer en mi pareja.
2	Impulsivo	Yo pienso en las cosas antes de decirlas, me observo antes de reaccionar, esto puede hacer daño a mi pareja.
3	Conservador	Yo puedo abrir mis sentimientos y acciones a las nuevas ideas. Me permito mostrar abiertamente mis sentimientos.

Ejercicio: Cuestionario de los Ancestros

No.	Tu Padre	Tu Madre	Padre de tu pareja	Madre de tu pareja
1				
2				
3				
4				
5				
6				
7				
8				
9				
10				

No.	Decodificar (Diferencias que activan la crisis de)	Acción para Reprogramar
1		
2		
3		
4		
5		
6		

Este es un momento para reflexionar sobre tus respuestas y decidir si quieres hacer algún cambio en la lista que has creado para encontrar a tu alma gemela. Conforme pasa el

tiempo vamos aprendiendo a escuchar nuestro yo, no dudes entonces en cambiar tu lista, es un proceso de mejora continua. Estamos participando activamente en la creación. ¡Toma el asiento del conductor!

Notas

Capítulo 9: El Creacionismo

El creacionismo es una creencia acerca de que los pensamientos pueden convertirse en realidad. En este libro nosotros mostramos cómo definir lo que quieres en una relación. Cuando escribistes tus deseos, se ponen en movimiento muchas fuerzas de la naturaleza. Cuando te conectas emocionalmente con tu lista de deseos, y crees que vas a encontrar tu alma gemela, estás programando tu subconsciente para que automáticamente busque tu pareja ideal. Ahora recuerda que vas a atraer una realidad de acuerdo con tus pensamientos.

Puedes crear tu propia realidad a partir de tan sólo tus pensamientos. En primer lugar, tú desarrollaste algo en tu mente. Luego revisa lo que escribiste en el papel. Ahora, te focalizas en los detalles todos los días. Pronto te encontrarás automáticamente, pensando, hablando y actuando, adoptando una posición que apoya a tu creencia. Y a partir de ese momento comenzarás a ver cosas que están a tu alrededor, que no habías notado antes, y que ahora están alineadas con tu objetivo.

¿Alguna vez has escuchado la expresión "La palabra se hizo carne"? Estos términos se aplican a la religión, así como a la filosofía de la nueva era. ¿Por qué? Porque así es como funciona el universo. Un inventor comienza con una idea en mente y luego desarrolla la idea para adaptarla a la realidad. Cuando tengas una idea en tu mente, una vez que la desarrollas a detalle y la escribes sobre papel, es más fácil para el siguiente paso, que es creer que esa idea es verdad, el motor que le da energía a esa idea son tus creencias y luego con acción y enfoque, es solo cuestión de tiempo para que se convierta en realidad.

Las palabras son poderosas. Las palabras tienen el mismo peso que la materia. Las palabras pueden construir. Las palabras pueden destruir. Las palabras son del espíritu. Las palabras son del alma. Elija cuidadosamente sus palabras.

Si a un niño que crece en un hogar donde constantemente están reafirmando y diciendo todos los días que es inteligente, fuerte y sano, delo por seguro que va a crecer con unas expectativas distintas de su vida a cambio de haberle dicho palabras como: tú no eres inteligente, nunca vas a salir adelante… entre otras. Por lo general, terminan creando una realidad que se ajusta a sus creencias. Se podría concluir que los niños que son criados en hogares con un ambiente positivo tienen una probabilidad más alta de ser más felices y exitosos en su vida. Es porque se les dió la programación positiva. Por supuesto, todos hemos oído hablar del niño que se le ha dicho cosas positivas - y este crece y se comporta mal, nada cercano con su programación.

Toda regla tiene sus excepciones, también podemos conseguirnos con niños que prosperan a pesar de su ambiente negativo y los niños que se autodestruyen a pesar de que parecen tener todo a su favor. En estas situaciones por lo general, el concepto que tiene ese niño de sí mismo y el diálogo interno, su código genético, su carácter, harán su labor para no permitir que su personalidad sea moldeada estrictamente al ambiente que lo rodea.

Ahora que ya no somos niños, que estamos a cargo de nuestra programación. Puedes llamar a esto una especie de lavado de cerebro positivo. Podemos elegir una nueva dirección, centrarnos en el logro de nuevas realidades y verás cómo empiezan a suceder cosas en línea con nuestra nueva visión, como por arte de magia. Pero no es magia. Es la ciencia. Se podría incluso decir **Ciencia Espiritual**.

En la ciencia como en la vida, hay dos cosas que ocurren en la búsqueda de pruebas:

1) **Las pruebas selectivas** - Tendencia a encontrar evidencia que apoye tu teoría y subconscientemente filtras aquellas evidencias que no estén compatibles con tu teoría.

2) **Limitación de observación** - Capacidad de sólo observar los patrones de conducta o lo que primero entiendes, basándote sólo en la información que conoces.

Las pruebas selectivas

Un buen ejemplo de las pruebas selectivas son aquellas personas que tienen síntomas físicos originados por causas mentales o emocionales. Estas enfermedades psicosomáticas son resultado de la influencia de la mente sobre el cuerpo, especialmente con respecto a la creación de enfermedades. Estas personas están convencidas de que están enfermos, y de repente, sus cuerpos comienzan a mostrar los síntomas.

Al igual que nosotros, estos pacientes tienen el poder de convertir los pensamientos en realidad. Ellos pueden encontrar una enfermedad, que se alinea con un solo síntoma que poseen y luego mientras esas personas llevan a cabo investigaciones adicionales, y leen más sobre la enfermedad que supuestamente tienen, y aprenden acerca de los síntomas de dicha enfermedad, inconscientemente van buscando y creando incluso un mayor número de síntomas correspondientes. Con el tiempo desarrollan el marco de una enfermedad a través de sus síntomas y éstos supuestos son clínicamente identificables. Sin embargo, cuando el médico trata de decir que la causa es emocional, estos pacientes buscan argumentos para apoyar su verdad. Ellos filtran cualquier otra teoría o información que no esté alineada con sus creencias.

Nuestro comportamiento sigue fuertemente nuestras creencias. Cuando no creemos en algo, nuestra mente no puede abrir esa puerta, incluso no considera la nueva idea. Es posible que la rechazáramos de inmediato y la etiquetamos como "imposible". Otras veces, la descartamos como un simple comentario, o la ignoramos por completo, por ejemplo podríamos decir: "Esto se aplica a otras personas, pero mi caso es diferente". Tendemos a evitar cualquier tipo de idea que no esté de acuerdo con nuestros patrones de creencias. Este rechazo constante de pensamientos alternativos nos impide la acumulación de evidencia, que contradiga nuestras originales convicciones.

Limitación de la observación

¿Qué significan los números 1, 4, 9, 16, 25, y 36, que tienen en común? Muchos saben que cada uno es un cuadrado de los números de secuencia entera 1, 2, 3, 4, 5 y 6. Algunos que no lo saben, no lo pueden observar inmediatamente y relacionarlos con el patrón. El punto es que usted no puede observar objetivamente lo que primero no ha entendido.

Para algunos, las matemáticas, los idiomas, y algunos otros temas no son fáciles de entender a primera vista, tal como aparecen ante nosotros, entonces no podemos observar lo que realmente significan. Nuestra mente rechaza automáticamente la información o incluso hasta la ignora ya que no puede ver la información sobre la base de sus propios conocimientos.

Ciencia Espiritual

Puedes pensar que tú crees en los métodos de **Ciencia Espiritual**. Tal vez, ya conoces esta información, pero todavía no has visto los resultados en tu vida. Yo te pregunto, la auto-observación de tus palabras, acciones y actitudes demuestran que están alineados con lo que quieres y cómo lo quieres? ¿Puedes tú asegurar que tu comportamiento externo y las acciones no han contradicho tus creencias internas? Tu yo interno, te dice a ti mismo, *no hay suficientes hombres o mujeres para mí, todos los hombres o las mujeres siempre son los mismos, es mejor estar solo, nadie me entiende, o no existe la persona adecuada para mi, o la que me merezco*. Todas estas son frases de sabotaje. Estas frases construyen barreras en tu mente y ponen obstáculos en tu acción.

Cuando el subconsciente y el consciente se alinean para aceptar esta nueva **Ciencia Espiritual**, es hora de darle la bienvenida a las infinitas (∞) posibilidades que el universo tiene para ti. Justo en ese momento cuando tus acciones, la mente y el cuerpo son uno solo, las estrellas del cielo iluminan tu alma. En ese momento no tienes por qué preocuparte por esperar a tu pareja, estarás listo para recibirla y darle la bienvenida a tu alma gemela en armonía, confianza y amor.

¿Cómo funciona?

Si no se desarrolla primero una teoría, o una suposición, de cómo es algo, entonces todas las observaciones son igual de importantes o sin importancia. Esta es la razón por la cual, la determinación de lo que quieres, es de vital importancia en nuestro proceso.

En segundo lugar, si por casualidad tú sólo crees que tu mente y tu comportamiento nacen de tu código genético, de tu crianza, y no hay manera de modificar eso, entonces no habrá avances aquí a menos que cambie tu punto de referencia. Esta es la razón de realizar los ejercicios en este libro y reprogramar tu subconsciente el cual una vez reprogramado podrá ser reconocido por tu alma gemela.

La Ciencia Espiritual trabaja para ti como por arte de magia cuando buscas tu alma gemela. La forma más concisa es que detalles lo que quieres en tu relación, y mientras más claro y detallado sea, será entonces más probable que te encuentres con tu alma gemela. Ahora que ya entiendes lo que quieres, serás capaz de observar y de reconocer los patrones consistentes de tus deseos.

Existen infinitas posibilidades en nuestra vida. La buena noticia es que el universo tiene infinitos recursos a nuestra disposición. Sólo, que el universo no sabe cuáles son los recursos que nos debe proveer, hasta que nosotros no definamos y seleccionemos las posibilidades que nosotros tenemos. Cuando definimos lo que queremos "conscientemente" y reprogramamos el subconsciente con el enfoque y la creencia, también definimos un punto de conexión entre las posibilidades y los recursos. Dejemos de buscar los recursos que no necesitamos (no te distraigas) y debemos centramos en los recursos que queremos - los recursos que coinciden con lo que queremos en una relación.

Por ejemplo, hay mas de 7.000 millones de personas en el planeta. Estos son los recursos: almas gemelas. No tenemos que mirar a cada persona soltera como un potencial compañero del alma. Eso sería una locura. En su lugar, debemos aprender a seleccionar, pues ya tenemos definido lo que queremos. En respuesta a lo que queremos en una relación, seleccionar criterios como edad, características físicas, personalidad, limitaciones geográficas, la educación, el tipo de trabajo, los pasatiempos y más.

Hago mucho incapie en que debes ser específico en lo que quieres pues en mi caso (Lisett) hace más de 5 años atrás yo había realizado una corta lista, sin muchos detalles, recuerdo que estaba terminando de comer en un restaurant, tome una servilleta y escribí sólo 3 o 4 características, con algunas fechas, y pistas pero nada ordenado y lo hice casi como un juego. Para mi asombro que a los pocos meses conocí a un hombre que se ajustaba a esas características y pistas pero lamentablemente no era atractivo para mí, ese hombre no me gustaba. Por eso debes tener precaución y ver lo importante de crear de manera consciente y ordenada, debes calibrar bien tu varita mágica antes de usarla.

Mientras caminamos por la calle, nuestro enfoque se estrecha. Dejemos de lado las distracciones. Concienticemos lo que es importante para nosotros y vamos a filtrar los desajustes. Durante nuestra conversación, aprendamos a observarnos y a sentir, usando tus seis sentidos podrás automáticamente incluir o excluir, y dejar de perder tiempo en las relaciones que no va a ninguna parte. Lo mejor de todo, ahora tenemos un mecanismo perfectamente definido de filtrado para tu uso.

Notas

Capítulo 10: Éxito de las Citas en Línea

Ahora que ya hemos alineado nuestro consciente con nuestro subconsciente. Puedes tomar de manera opcional el asesoramiento de nuestro libro en muchos métodos para hacer citas - sólo recuerda que debes permanecer fiel a ti mismo y a lo que quieres.

Los consejos de este libro se aplican a la búsqueda de tu alma gemela a través de diferentes formas de conocer gente. Es posible que te sientas cómodo cuando te presentan potenciales parejas a través de amigos o familiares, primos, compañeros de trabajo, o conocer a alguien mientras participas en un curso, deporte o hobby. Pero hoy en día, muchas personas recurren a muchos sitios de internet para citas en línea. En este capítulo te ofrecemos una guía para citas en internet.

Las citas en internet te permiten tener acceso a cientos de miles de personas con ideas, afines, personas que están buscando a alguien especial. Encontrar un grupo específico de almas gemelas potenciales nunca ha sido tan fácil. Las citas en internet te dan la ventaja adicional de poder revisar y analizar a la persona antes de conocerla personalmente. Antes de que tú hables con ellos, puedes detectar realmente si esa persona puede o no ser una potencial pareja para ti. Puedes evitar la lectura de gran parte de sus perfiles con ciertos filtros y búsquedas que te facilita la web, y puedes ir más directo a la preferencia que tú deseas. Incluso hasta cuando están siendo muy específicos en lo que están buscando, tú vas a encontrar coincidencias. Pero ahora, simplemente veras personas que son técnicamente compatibles contigo, y tal vez uno será tu alma gemela.

Muchos de nosotros estamos familiarizados con los numerosos sitios web disponibles para la citas. Yo recomiendo aquellos sitios en donde te permiten realizar el mayor numero de filtración, donde tengas varios elementos para seleccionar. En los sitios que son pagos, las personas pueden filtrar y posiblemente tengan contenidos más exclusivos. Esto no quiere decir que los sitios pagos son mejores que algunos de los sitios gratuitos, de hecho nosotros nos conocimos a través de un sitio gratis a pesar de que también había participado activamente en los sitios pagos.

En el mundo del "Marketing", hay dos enfoques de publicidad que me vienen a la mente y que se pueden aplicar a las citas online. Uno es el acercamiento de la mira hacia tu blanco, es cuando intentas atraer desde un principio a todas aquellas personas que han leído tu perfil y el porcentaje de compatibilidad registrado sea el más alto, obteniendo así un grupo específico. La idea es que vayas de forma sistemática tratando de no perder cualquier posible perspectiva. El acercamiento hacia el objetivo es cuando apuntas a tus mejores opciones de forma exclusiva según la identificación y descripción de los rasgos específicos que estás buscando. El acercamiento de la mira hacia el objetivo te permite fijar el punto donde estará tu potencial alma gemela. Tú has invertido mucho tiempo en el desarrollo de tu lista, ahora es el momento de ponerla en uso y dejar que haga el trabajo para ti.

El acercamiento de la mira hacia el objetivo te atraerá a mucha gente de una gran variedad. Pero cuando afinas y calibras tus filtros, tu intuición y tus emociones el tiro será limpio y perfecto.

El otro enfoque de publicidad se refiere al uso de estas tres palabras: Mostrar, decir y ser. Mostrar a los demás quién eres a través de tus fotografías más recientes. Diles a otros que tú estás siendo honesto y abierto en tus descripciones y responde todas las preguntas que aparecen en la web en su totalidad con tus propias palabras. Sé quién eres cuando conoces a la gente. Que el mundo vea exactamente lo que eres, lo que quieres, y lo que deseas en una relación. Tu perfil no sólo debe explicar qué estás buscando, sino también lo que te gustaría que hicieran juntos si están interesados en ti y el tipo de relación que deseas.

Estár conectado con el poder infinito de la creatividad a través de la auto-observación y el establecimiento de metas. Las oportunidades surgen a medida que canalizas los recursos (∞) infinitos a tu capacidad de elegir las (∞) infinitas posibilidades.

Mostrar

Muéstrate en las actividades que te interesan. Si por ejemplo tú eres un corredor, entonces puedes mostrar una imagen de tí mismo corriendo en una carrera los últimos 5 km. Si amas a tu mascota, a continuación, incluyes una foto con la mascota a tu lado o en tu regazo. Si tú eres un gran aficionado al fútbol, a continuación, muestras una imagen de ti mismo usando tu camiseta deportiva.

Una de las ventajas de publicar varias fotos es que van a permitir a otros tener una idea más completa de lo que tú pareces. Una imagen, a veces puede inducir a errores, simplemente por la forma en que la cámara captura ese segundo. He encontrado que la mayoría de la gente en realidad se ve mejor en persona que en una imagen, especialmente cuando su espíritu y la personalidad son congruentes con sus miradas. Al realizar tu conexión, encontrarás a la otra alma muy hermosa y ésta a su vez observará la tuya como la más preciosa alma que jamás haya visto antes.

Muchas personas han tenido la tentación de utilizar fotos más viejas o editan las imágenes para verse mejor. Pero tú eres otra persona ahora, y no puedes editar tu aparición en la vida real.

Imagínate si tú pasas el tiempo hablando con alguien, y luego cuando ustedes tienen su cita, ocurre que no te pareces en nada a tu foto. A veces no es que te vieras mejor en tu imagen, sino que la otra persona desarrolló una imagen mental tuya de forma incorrecta, diferente y se va a sentir que está hablando con un extraño o con otra persona. Recuerda, tu compañero del alma va a aceptar y amar a la persona que eres en tu totalidad. ¡Este es tu momento! Tienes la oportunidad de demostrar lo que eres, lo que te gusta, y lo que tienes que ofrecer a esa persona especial.

¡Si tú estás emocionado acerca de ti y quieres compartirlo, los otros quedarán atrapados en tu entusiasmo!

Decir

Es posible que en la web haya espacio limitado para describirte a ti mismo. Tómate el tiempo para detallar lo que es más importante acerca de ti y lo que quieres. La información más específica que proporcionemos, hará más fácil que las potenciales parejas y tú realicen una buena auto-selección como almas gemelas.

Revisa tus respuestas a los ejercicios de este libro y tu lista como guía. Describe tu estilo de vida y las actividades favoritas que deseas compartir con tu alma gemela. Es importante que sean concisos, honestos y directos al grano, usa pocas palabras que contengan un gran significado.

Cuando conoces a alguien en persona, las preguntas son una de las herramientas más poderosas para la comprensión. Durante la cita pregunta lo que piensas, habla sobre diferentes temas, o sobre cualquier cosa que está en tu mente, muestra un interés genuino. Halaga a la otra persona si se presenta una verdadera oportunidad. Concéntrate en lo que sabes acerca de esa persona a partir de su perfil, lo que le interesa, sus gustos y aficiones.

Preguntas básicas de arranque:

1. ¿Cuál es la ciudad, donde tú naciste?

2. ¿En cuál escuela estudiaste, conservas amigos de allí?

3. ¿Te acuerdas de alguno de los amigos de tu infancia?

4. ¿Cómo fue el hogar en donde crecistes?

5. ¿En qué aficiones, deportes o actividades participas?

Siéntete libre para crear tu propia lista mental de preguntas abiertas para tu cita.

Ser

Es emocionante la conexión con la persona que podría ser una potencial pareja. Al hablar en línea y/o por teléfono, tú tienes la oportunidad de ver y sentir si esta persona coincide con parte de tu lista. Al mismo tiempo, están viendo si tú coincides con lo que esa persona también está buscando.

Cuando tú tienes la oportunidad de conocer a alguien en persona, se tu mismo. Hazle saber de inmediato quién eres, exprésate plenamente. Si tienes alguna pregunta, hazla. Si te sientes fuera de lugar, no tengas miedo de poner fin a la reunión rápidamente.

Una vez que estás en tu cita debes ser frontal y mostrar el interés que sientes. Si la persona es tu compañero del alma, ustedes sabrán cómo se sienten. Ustedes estarán en la misma sintonía. Si no lo están también lo sabrán entender.

Por otro lado, si tú piensas que tu primer encuentro estuvo lleno de nerviosismo y que, en su conjunto, la persona también parecía nerviosa, entonces no teman en reunirse de nuevo. Sin banderas rojas y con una evidente vinculación en sus perfiles, tú puedes mostrarte flexible en la primera cita y tomarla como una experiencia de aprendizaje inicial decente. Recuerda que tu lista está ya internalizada en tu corazón, proyectada al universo, y no la debes utilizar como un documento de control en tu primera cita.

Seguridad y vigilancia

Tu seguridad debe ser lo más importante en tu mente a través de todo el proceso. Te damos consejos sobre cómo encontrar a tu alma gemela y la forma de utilizar nuestro sistema de citas en línea, ¡pero tu seguridad es siempre totalmente tu responsabilidad! Las citas en línea pueden ofrecerte cierta seguridad que no encontrarás si conoces a alguien nuevo en un evento o fiesta, pero también plantea otras cuestiones con las que debes tener sumo cuidado.

La confianza viene de un comportamiento coherente con el tiempo. Asegúrate de que, a medida que comienzas a mantener comunicación con los posibles pretendientes, debes hacer preguntas y observar muy bien las respuestas, manejando un clima de precaución. El objetivo número uno es encontrar tu alma gemela y que ésta cumpla lo que estás buscando en una relación. Tómate tu tiempo y debes ser diligente en filtrar el trigo de la paja – aquellos pretendientes que no se ajustan a lo que tú quieres.

Fraudes

Por otra parte debes tener sumo cuidado con aquellos perfiles que parecen demasiado buenos para ser verdad, o que lucen con fotografías casi de revistas, su escritura o hablar pasan a un nivel de "demasiado romántico", o posiblemente te cuentan una gran historia y te dicen que necesitan algo de ayuda financiera con el fin de satisfacer algo para ti, si tú observas ese tipo de situaciones, entonces bloquee el usuario y notifíquelo.

La mayoría de las estafas comienzan con un perfil muy simple. Una persona atractiva, por lo general más joven que tú, o alguien rico y mayor, con información de perfil muy limitado, sólo ha estado en el sitio de citas un par de días y muchas veces sólo unas pocas horas. A menudo ese tipo de persona busca excusa para no encontrarse físicamente contigo y mantiene constante comunicación solo por internet, si lo invita a un chat donde quiere ver su cara, posiblemente tendrá una buena historia, una buena excusa y nunca se presentará, también es probable que no de sus datos de dirección de trabajo o residencia. Solicítele más fotos distintas a la que tiene en su perfil, probablemente no tendrá y será otra manera de tu ir conociendo con quién estas relacionándote. Por lo general puedes notar que sus escrituras son genéricas y muchas veces no coinciden con los temas que tú le estas planteando, estas personas son profesionales de la estafa, ellos manejan volúmenes de correos y comunicación con varias personas al mismo tiempo, entonces tú puedes identificarlos con estos datos que te estamos suministrando.

Revise siempre el tiempo que el perfil ha existido en ese sitio de citas. A veces vale la pena esperar unos días antes de responder a cualquier tipo de contacto. Para entonces, cuando tu vas a responder es posible que ese perfil, ya no exista. Y nunca, debes dar una dirección de correo electrónico personal inmediatamente, sino hasta que tengas cierto tiempo comunicándote a través del sitio de citas.

Es importante mantener un cierto intercambio de información antes de presentarte a una cita personal. Siempre solicita el nombre real, edad y lugar de residencia. Conecta esa información en Internet a través de motores de búsqueda libre de datos personales. Ve lo que tú puedes encontrar que dice sobre esa persona, si es una persona genuina y no un estafador. Estamos hablando de usar el sentido común y de ser cuidadosos, pero no queremos convertirte tampoco es un espía o acosador de datos y que desconfíes de cada información que recibas, solo usa el sentido común.

Hablar por teléfono primero, y dar tiempo para el intercambio de información. No hay prisa. Date tiempo para que puedas evaluar la autenticidad de la información. Cuanto más sepas sobre la otra persona, más rápido aprenderás si son reales y si hay una conexión potencial.

Observa cualquier sentimiento extraño en un contacto reciente, y confia en tus instintos. Hay un montón de posibilidades para ti. Tienes abundantes oportunidades y ser cuidadoso es una buena opción.

Las almas gemelas se buscan entre si

La buena noticia es que las almas de amor quieren estar con las almas de amor. Casi cualquier alma se habría conformado con cualquier otra simple alma. Pero nuestras almas son de amor puro y tratarán de encontrarse a través de la niebla física y mental creada por nuestros cuerpos y mentes.

La única cosa que permite a las almas el reconocimiento entre ellas es mediante nuestras mentes y nuestros cuerpos físicos, y a través de nuestra energía ellas buscarán conectarse de un modo celestial. Nuestra mente (que contiene los programas) y nuestros cuerpos (con sus estructuras de ADN) se filtran a través de muchas almas hasta encontrar su verdadera conexión.

Cuando más limites pongas a tu cuerpo y mente, entonces más difícil serán las conexiones, tu alma pronto se dará por vencida y buscará otro camino para encontrar su pareja. ¿Por qué?

"El alma busca a la otra alma a través del camino de menor resistencia."

134

Imagínate 100 personas en una habitación, 50 hombres y 50 mujeres. Las almas de los hombres filtrados por su ser físico, en su mayoría se sentirán atraídos por el cuerpo físico de las mujeres. Una vez que haya atracción física, entonces el filtro del cuerpo se desvanece y le cede el paso al filtro de la mente y si éste es correcto. El alma del hombre busca conectarse con el alma de la mujer en un nivel mental a través de la comunicación. Mientras menos obstrucciones, y más clara es la ruta entonces más almas se conectaran.

La conexión entre la mente puede crecer con el tiempo y el camino se vuelve más claro para que las almas se encuentren. Si bien el alma encuentra la conexión difícil, entonces el alma se mueve a otra pareja para intentarlo de nuevo. Algunas personas afirman que el primer filtro es el filtro de la mente y el cuerpo es el segundo filtro que es menos importante.

Si somos fieles a nosotros mismos, abiertos y honestos en nuestra comunicación, podemos evitar los peligros de una errada conexión que pueda impedir nuestro crecimiento con una nueva pareja.

Tómese su tiempo

Mientras que nuestro libro es acerca de cómo encontrar tu alma gemela en 90 días, no queremos que te apresure a aceptar una relación que no es adecuada para ti. Si sientes que algo no está funcionando, no te conformes con eso, no inviertas más tiempo allí por el simple hecho de no querer estar sólo.

A veces nos encontramos en la encrucijada de la mente, el cuerpo y el alma, y es importante para dar valor a estos tres elementos. Cuando haya dudas entre la mente y el cuerpo, dale a tu alma la oportunidad de ayudarte a tomar la decisión correcta. El alma siempre te lleva al lugar correcto con la persona adecuada.

Cuando sientas que surge ese momento de indecisión, irradia y proyecta tu alma hacia el universo. Decreta lo que realmente deseas y mereces. Observa con tu mente lo que está ocurriendo, tu paciencia y sabiduría te harán entender el verdadero camino.

Disfruta del proceso

Cuando decimos: "Tomate tu tiempo", tú puedes pensar, "Eso no suena divertido" ¡Pero es todo lo contrario! ¿No te gusta aprender y descubrir sobre ti? ¿No es realmente emocionante darse cuenta de lo que realmente quieres? Ahora será la búsqueda de las personas que coincidan con tus creencias y represente lo que deseas de una relación. Cuando ocurra el encuentro, en el momento que se vean y se hablen sentirás la energía y la conexión que hay entre ustedes.

Si encuentras una persona y comienza el acercamiento entre ustedes pero todavía no sabes con exactitud que pueda ser una potencial pareja, en realidad es una cosa positiva. Con esto sabes que el proceso está funcionando y que estás atrayendo a la gente adecuada. ¡Estás cada vez más cerca! Encontrar un "pretendiente errado", también ayudará a clarificar aún más exactamente lo que estás buscando. Con esta experiencia podrás darte cuenta de que hay un nuevo elemento en tu lista, o algo nuevo que tú no eres capaz de aceptar.

Por lo tanto, disfruta tanto los errores como los aciertos. *El camino es más agradable cuando sabes quién eres y adónde vas.* Si aprendemos a saborear la vida con humor, entusiasmo y pasión, que es realmente lo que mueve las cosas, aprenderás a observar que la vida es una fiesta llena de alegría, regalos, música, amigos… ¡Disfrútala!

¿Cómo sabes que es tu alma gemela?

Esta es la típica pregunta, ¿Cómo se yo que esa persona es?... Por experiencia propia, te voy a contar lo que viví cuando comencé a compartir con Jim. Después de nuestro segundo encuentro empezamos a realizar diversas actividades juntos, era como salir con tu mejor amigo, sentía que él conocía todo de mi desde el primer momento, y en esos momentos románticos que nos mirábamos a los ojos ambos podíamos entender todo sin necesidad de hablar mucho ni explicar, (..y eso que hablamos dos idiomas diferentes y somos de culturas distintas), podíamos sostener la mirada y sentir como danzaban nuestras almas juntas llenas de gozo, es ese brillo en los ojos y esa sonrisa pícara que surge cuando nos cruzábamos las miradas dentro de una multitud, en ese momento todo el mundo desaparecía de nuestro entorno y solo existía él y yo. Es ese sentimiento que mueve tu mente, por ejemplo cuando estamos conversando un tema cualquiera pero de repente al mirarnos directa y profundamente a los ojos se nos olvida todo lo que estábamos hablando y nuestros labios se buscan sin ningún esfuerzo, es esa sensación de sentirte en casa, tu alma se regocijará de alegría, y todo esto lo podrás sentir, lo podrás ver, tocar, usando tus seis sentidos, podrás experimentar esa maravillosa sensación.

Debes arrojar tus preocupaciones, ya que posees las habilidades, capacidades, y ahora tienes la confianza de saber qué persona es adecuada para ti.

"Cuando se encuentran las almas gemelas,

ellas se reconocen".

Notas

90daysoulmate.com

Sea parte de la comunidad 90daysoulmate.com

- Comparte tu historia de éxito, y así tendrás la oportunidad de poder estar en nuestro próximo libro.
- Enlaces a los productos y servicios que personalmente recomendamos.
- Personal Coach, podemos ayudarte en sesiones personales de asesoramiento tanto a ti como a tu pareja.
- Calendario de eventos muy pronto a un lugar cerca de ti.
- Revisa los temas del dia a través de nuestro Facebook.

Únase para compartir un mensaje de esperanza y amor

- Programa de afiliados.
- Sea coordinador de Cursos y Seminarios.
- Te formamos y certificamos como facilitador para los talleres y líder de seminarios.

Las organizaciones no lucrativas

- Programas de capacitación gratuita.
- Eventos gratuitos para recabar fondos a instituciones.
- Seminario a grupos de la comunidad.

www.ingramcontent.com/pod-product-compliance
Lightning Source LLC
LaVergne TN
LVHW021509080426
835509LV00018B/2449